中国现代作家青春剪影丛书

修订本

沉沦创造郁达夫

李家平——著

时代出版传媒股份有限公司
安徽教育出版社

图书在版编目（CIP）数据

沉沦创造:郁达夫/李家平著.—修订本.—合肥:安徽教育出版社,2022.11

(中国现代作家青春剪影丛书)

ISBN 978-7-5336-9651-1

Ⅰ.①沉… Ⅱ.①李… Ⅲ.①郁达夫(1896-1945)—生平事迹 Ⅳ.①K825.6

中国版本图书馆CIP数据核字(2022)第030734号

沉沦创造　郁达夫
CHENLUN CHUANGZAO　YU DAFU

出 版 人：费世平
统筹编辑：周　佳
责任编辑：周　佳
装帧设计：王莉娟
美术编辑：吴亢宗
责任印制：陈善军

出版发行：安徽教育出版社
地　　址：合肥市经开区繁华大道西路398号　邮编：230601
网　　址：http://www.ahep.com.cn
营销电话：(0551)63683012,63683013
排　　版：安徽时代华印出版服务有限责任公司
印　　刷：安徽联众印刷有限公司

开　　本：880 mm×1230 mm　1/32
印　　张：8.5
字　　数：152千字
版　　次：2022年11月第1版　2022年11月第1次印刷
定　　价：29.00元

(如发现印装质量问题,影响阅读,请与本社营销部联系调换)

青春剪影出一首首梦的歌（代序）

傅光明

鲁迅《呐喊·自序》的开篇第一段话是："我在年青时候也曾经做过许多梦，后来大半忘却了，但自己也并不以为可惜。……这不能全忘的一部分，到现在便成了《呐喊》的来由。"紧接着，他回忆起儿时家庭从小康坠入困顿，这样的苦涩经历使他从中得以看见世人的真面目，继而要"走异路，逃异地，去寻求别样的人们"。

从他睁开眼看世界，他便有了梦，很美满的一个梦——到日本，学医，救治像他父亲一样"被误的病人的疾苦，战争时候便去当军医，一面又促进了国人对于维新的信仰"。直到课堂上放映关于日俄战事的画片，"忽然会见我久违的许多中国人了，一个绑在中间，许多站在左右，一样是强壮的体格，而显出麻木的神情。据解说，则绑着的是替俄国做了军事上的侦探，正要被日军砍下头颅来示众，而围着的便是来赏鉴这示众的盛举的人们"。

这个故事本身已具有经典性，不仅如此，相信凡熟悉鲁迅的读者更喜欢咀嚼接下来的这一小段文字，因为它是鲁迅作家梦开始的地方:"医学并非一件紧要事,凡是愚弱的国民,即使体格如何健全,如何茁壮,也只能做毫无意义的示众的材料和看客,病死多少是不必以为不幸的。所以我们的第一要著,是在改变他们的精神,而善于改变精神的是,我那时以为当然要推文艺,于是想提倡文艺运动了。"

这时,他又开始做好梦了。从仙台辍学回到东京,他邀几位朋友一起办杂志,以期迈出文学的第一步。但这本取"新的生命"的意思而叫《新生》的杂志,在策划中便胎死腹中,梦也随之转瞬即逝了。

因梦无法实现而带来的寂寞,一天天地长大起来,"如大毒蛇,缠住了我的灵魂了"。然后是无端的悲哀和驱除不尽的痛苦,而麻醉的最好办法是"使我沉入于国民中,使我回到古代去",让生命黯然销魂,直销到"再没有青年时候的慷慨激昂的意思了"。

就这样,在蚊子多的一个夏夜,已蛰居北京,在绍兴会馆里百无聊赖抄古碑的鲁迅,迎来了一个老朋友。这位"偶或来谈"的老朋友金心异,便是正协助陈独秀编辑《新青年》杂志的钱玄同。聊天中,一段石破天惊的对话呱呱坠地,并成为中国现代文学史上经典的里程碑式的思想意象:

    假如一间铁屋子,是绝无窗户而万难破毁的,里面有许多熟睡的人们,不久都要闷死了,然而是从昏睡入死灭，并不感到就死的悲哀。现在你大嚷起来，惊起了较为清醒的几个人，使这不幸的少数者来受无可挽救的临终的苦楚，你倒以为对得起他们么？

　　然而几个人既然起来，你不能说决没有毁坏这铁屋的希望。

由此，鲁迅发出"狂人"的呐喊，《狂人日记》不仅成为小说家鲁迅的起点，更成为中国现代白话小说的源头和丰碑。

可以说，鲁迅是在生命日渐消沉的时候才做起小说来！显然，是五四精神孕育出了鲁迅的新生，而鲁迅又给五四精神注入了别样的新鲜活力和深邃的思想光芒。那本在东京未出世就夭折了的《新生》雪藏起鲁迅的摩罗诗力，而一本在北京崭新的《新青年》却真的赋予了鲁迅新的生命——文学的、艺术的、精神的、思想的不朽生命。

简言之，一篇短短的《呐喊·自序》，已大致可以为鲁迅，同时也可把这样的梦影当参照，为许多现代作家，甚至为读者自己画一幅青春剪影了。

像鲁迅一样，世上所有的人，年轻时候都会做许多梦。醒来一个梦，再做下一个梦，有梦便有希望在，人生的过程就是在不断做梦寻梦。当然，悲哀时，又会感觉一如鲁迅所说，"人生最苦痛的是梦醒了无路可以走"。如果真的无路可走了，还是要做梦，回忆青春的梦。没有了梦，便只剩下了绝望。

这套书里的作家们，年轻时几乎无不是有着一个又一个的梦。郭沫若和鲁迅一样，早年赴日本留学时，学的是医学，后因受到荷兰哲学家斯宾诺莎和美国诗人惠特曼思想的影响，决心弃医从文；与郭沫若等一同发起成立"创造社"的郁达夫，留日之初，考入的是东京第一高等学校医部预科，后又改学过政治学、经济学；冰心在写她的《繁星》《春水》以前，就读于协和女子大学理科，向往的也是日后成为一名医生。

然而，任何一个梦想的实现，都需要付出巨大的艰辛、努力。一个人的青春岁月，时常是苦恼与快乐相伴、信心与茫然相随。正是在这个时候，已经长大了的青少年，会突然惊奇地发现，原来世间的事情是如此的复杂，连黑与白的界线都有可能变得不明晰和不确定起来，无法一下子认定的事情越来越多。这些对于作家来说，却又是不可或缺的人生经历和体验。

无论他们在年轻时做过怎样的梦，有一点是共同的，即读书、求知。他们大都有过在海外或留学，或进修，甚或流亡的经历；他们中的许多人至少懂得一门外语，像巴金、郁达夫、钱锺书、杨绛等，通晓的外语都在两门或两门以上。茅盾是在大革命失败后，流亡日本时，深度创作他的小说处女作《蚀》三部曲的。巴金的小说处女作《灭亡》写于巴黎，这之后，他的写作一发不可收。朱自清在出任清华大学中国文学系主任的前一年，曾在英国进修过语言学和英国文学，后漫游欧洲五国，才有后来写作的

《欧游杂记》《伦敦杂记》。艾青最初读的是艺术学院绘画系，后在赴法国勤工俭学时，边学绘画，边接触欧洲现代派诗人，最终成为诗人，而不是画家。在南开中学就开始参与戏剧活动的曹禺，初入南开大学，读的是政治系，转至清华大学西洋文学系才真正开始钻研戏剧，从古希腊剧作家到莎士比亚、契诃夫、易卜生、奥尼尔，孕育出了他的《雷雨》《日出》。

每个作家都有藏在他的文学梦背后的故事，这些故事对于启迪我们的人生智慧和精神思想，都是难得的知识营养。通过这些故事，我们知道，徐志摩最早没想过要成为诗人，他留学美国时，学的是经济，转去英国，是为了追随罗素，搞政治。当丁玲陷在生活的困惑之中，她做过画家梦，更做过电影明星梦。各自已有深厚的人生体验的川籍作家艾芜、沙汀，是在他俩相遇后，才一起走上文学路的。从湘西走出来的"乡下人"沈从文，学历只到小学，经过人生的许多坎坷沧桑，矢志不渝，最终成就了自己的文学梦。

对于今天的读者，已经成为历史的他们，在这个"剪影"里构成了一组混着一个又一个青春生命泪与笑的梦的合唱。如果能够从他们一串串的梦里找到自己，相信你的未来不是梦！

郁达夫

(1896年12月7日—1945年9月17日)

目 录

第一章　江水般的生命/001

第二章　"生的不是时候"/005

第三章　献给天堂的诗篇/011

第四章　"还不如死了的好"/015

第五章　"我愿意去砍柴"/025

第六章　"我要发奋读书！"/035

第七章　"保佑保佑这苦命孩吧"/043

第八章　"我不要皮鞋穿了！"/052

第九章　乱世中的读书人/060

第十章　三月富春城下路/065

第十一章　水一样的月光/075

第十二章　离乡/084

第十三章　匆匆三宿出凤城/093

第十四章　杭州读书/104

第十五章　还乡/116

第十六章　在乡间/125

第十七章　"再见，教会学校"/135

第十八章　去国/147

第十九章　骨肉天涯/156

第二十章　"知我者，郭开贞也"/167

第二十一章　隆子/176

第二十二章　不了情，了断了吗？/185

第二十三章　沉沦，在雪夜/190

第二十四章　复苏/196

第二十五章　不能爱而又不得不爱/203

第二十六章　回首中原事渺茫/212

第二十七章　"沉沦"后的永生/220

第二十八章　真朋友/229

第二十九章　"创造"的艰辛/236

第三十章　夜航/246

第一章
江水般的生命

浙江省的重要河川之一钱塘江，以其入海口波涛汹涌、逆流而上的"钱塘潮"闻名世界。这条大江的上游是另一条风格截然不同的江水：富春江。钱塘江，雄伟壮阔，滔滔江水日夜东流。它平静也罢，咆哮也罢，都显示着一派武士的气魄，坚强有力，豪迈超群。而富春江，作为钱塘江的上游水段，则又完全是另一种景致。它秀美温柔，清丽多姿，像一条碧绿的玉带盘曲在锦山绣岭之间，不分昼夜缓缓而行，分明是娴静女子的性格，规规矩矩地在两岸的群山间蜿蜒流淌。即使风雨飘摇江水陡涨，那湍急的水流也颇像一位苦命之人，呜咽悲戚地边奔走边诉说，听凭凄风苦雨抽打着他的身躯，而绝没有一丝一毫的反抗。

也许，是巧合吧，我们书中的主人公，中国现代文学最著名的作家之一郁达夫先生，他一生所走过的生命历程，就有点像富春、钱塘这一脉相承的江水。郁达夫在山明水秀的富春江边出生、成长，并且不断经受着风吹雨打，渐渐成熟而坚强。他追求着奋斗着，有如江水一样从不停歇。终于，在人生的终点，抗日战争刚结束的时候，郁达夫的生命化作惊世骇俗的巨大潮涌，撞击出遮天蔽日的水花，奉献给了中华民族的解放事业。

郁达夫作为中国现代文学史上杰出的作家，人们将世世代代记住他；郁达夫作为在抗日战争中为国捐躯的志士，人们将世世代代怀念他。就像巨潮汹涌奔腾之后退入大海，虽然没有了踪迹，但那澎湃的狂涛已经深深地印在人们的脑海之中，永远无法抹去！

如果将富春、钱塘两水的流程喻作郁达夫的一生的话，那么本书所涉及的郁达夫，基本上还停留在富春江这一段，至多只接触到钱塘江域的一部分，离钱塘潮涌（为国捐躯）的钱塘江入海口，还有一段相当长的距离，也就是说，有大半条钱塘江不属于本书的讲述范围。所以，请允许作者在叙述郁达夫青少年时代之前，先简略地交代一下郁达夫的最后一段生命历程：

1938年底，郁达夫怀着抗战必胜的信心，应新加坡《星洲日报》的邀请，离开战火纷飞、烽烟四起的祖国，去往新加坡，继续进行抗战宣传工作。当时，新加坡还是英国的殖民地，但那里的华人占当地人口的三分之二，华文文化十分发达，有许多华文学校和报纸，因此郁达夫在《星洲日报》的工作进行得有声有色。1940年，在国内召开的一次文艺界集会特意通过了一项议程，寄诗遥祝郁达夫，对他在海外开展的抗战宣传工作表示支持。诗由四位名人联句（一人写一句）：

莫道流离苦,(老舍)

天涯一客孤。(郭沫若)

举杯祝远道,(王昆仑)

万里四行书。(施毅)

然而,1942年日本侵略军攻占了新加坡,很快又占领了整个东南亚。郁达夫逃难到苏门答腊的一个叫作"巴爷公务"的小地方,化名赵廉。不久,日本宪兵发现郁达夫懂日语,便强迫他当了日本宪兵部的翻译。在巴爷公务,只有郁达夫一个人又会日语又会马来语,所以他利用这个优势,暗中营救了许多抗日的华人和印尼人,使日本宪兵的破案率大大下降。后来,郁达夫借口有病辞去了翻译职务,做了酒厂的老板继续隐藏身份。可恨的是,由于汉奸告密,郁达夫被出卖,日本人开始把他作为抗日分子暗中监视起来。

1945年8月15日,日本天皇宣布无条件投降,抗日战争胜利结束。然而,万恶的日本宪兵深知,做过宪兵总部翻译的郁达夫了解他们的种种罪行,日后在审判他们的远东国际法庭上,郁达夫将是一个极为可怕的证人。于是,这些战犯竟然在投降以后,又一次卑鄙地伸出早已沾满血腥的双手,将郁达夫秘密杀害。

如今,在富春江畔郁达夫家园的富阳鹳山山腰处,人们修建了一座亭子，名叫"双烈亭"，也称"双郁亭"。这座亭子纪念的是一对烈士兄弟。哥哥叫郁曼陀，生前曾是一位正直的中国法官，1939年被日伪政权派出的特务暗杀。弟弟，就是本书的主人公郁达夫。这对年龄相差十二岁的亲兄弟，先后为国牺牲，而且都是遭遇暗杀，这就足以证明日本侵略者的凶残卑劣，证明郁氏兄弟的正义光明。

不过，本书所写的，是少年郁达夫、青年郁达夫，是学生郁达夫、作家郁达夫。实际上，在许多方面郁达夫和普通人一样，有着普通人的喜怒哀乐，也有不足与软弱，他从来就不是神话里的英雄。

郁达夫，就像是他家乡的江水，在上游清婉秀美，在下游就开阔壮丽起来。其实江水并没有什么改变，是山形地貌的不同造成了水势的急缓。或许把郁达夫比作江水再合适不过了，那自西向东奔流不止的江水，不论走过的路多么曲折，却没有一时一刻停下来歇息，头也不回地奔向理想的归宿——大海。为了理想，它不怕任何艰难险阻，哪怕冲上岸被撞得粉身碎骨也不会回头。至于这江水有多清，有多浊，它才不管呢，因为它的心里永远只有大海。

还是让我们回过头，从富春江说起吧。

第二章
"生的不是时候"

富春江边的富阳城内,有一条南北向的小里弄,名叫"满舟弄"(如今改名为"达夫弄")。这条小弄的石板路的一头通向江边,它很不起眼,似这样的小里弄,县城里还有许多。在满舟弄的一个小小庭院中,有一个带有低矮阁楼的三开间的破旧木屋,房院虽然说不上幽深,却也十分安静。这里的主人姓郁,祖上几代人都以教书和行医为生。既当教师又当医生这在从前一点也不奇怪,过去的读书人一般多少都懂点医术,给病人号号脉、开张药方是很方便的。除了医术有高低之分外,"望""闻""问""切"这类中医学上的基本技能读书人大体都还在行,再读读《本草纲目》《千金要方》,背背《汤头歌》《药性赋》之类,也能具备基本的药理知识。所以,旧时的知识分子不仅会写"之乎者也"的文章,也会看病开药,起码治治头疼脑热的小毛病没有问题。也有些读书人医术很好,再加上有祖传的经验、秘方什么的,就可以把自己的家当成私人诊所公开营业。"儒医"这个名词,大致也就是这么来的。

知识分子行医,忘不了给自己安个好名声,号称是"悬壶济世"。他们认为治病救人就是为社会出力,为社会出了力当然也就济了世。可不管怎样的济世，行医总是旧知识分子们谋生活治家业的一个重要手段，比如富阳城满舟弄这家姓郁的，主要经济来源就是教书和行医。在封建社会，当教书先生也好，当治病的郎中也好，都很受人尊敬，但一般很难致富发家，所以郁家祖辈几代人也没有置下多少田产。就这么一户中等人家，到了十九世纪中叶，也就是清朝的道光、咸丰年间，由于战乱，家族经济大受影响，一步步走向衰落。到郁企曾先生掌管家业的时候，情况更为不妙，但他也没有什么办法，只好苦苦支撑着局面，简直是走一步算一步了。

1896年12月7日，也就是光绪二十二年的一天，郁家小院的木房里传出了一阵婴儿的啼哭声，郁企曾先生的第三个儿子出世了。在此之前，企曾先生已有二子一女，长子郁华，字曼陀；次子郁浩，字养吾；女儿郁凤珍，父母都唤她阿凤。像是受了哭声的召唤，郁企曾迈着快步赶到妻子陆氏的寝室。他礼貌地朝接生婆道了辛苦，忙来至床前，轻抚妻子毫无血色的脸颊，关切地问："怎么样？"

因是多年的夫妻，陆氏知道丈夫的问语既是问候她的身体，也是在打听新生儿是男是女。她的嘴角轻轻一咧，似笑也似哭：

"是个儿子。"

顺着妻子的目光，郁企曾看见与陆氏并排躺着的婴儿，心头一惊，怎么这样的小，简直像只猫崽！他激动的心情顿时消失大半。郁企曾极力在妻子面前掩饰自己的心思，好言安慰了陆氏几句，又小心翼翼地抱起儿子端详。由于笨手笨脚，致使婴儿的一条小腿脱出了裹身的被单，这条枯瘦得好似柴火棒般的小腿，又着实令郁企曾心惊。

郁企曾退出寝室，来到院中，不由得在那棵柚子树下慢慢踱步。那婴儿的模样重又浮现眼前，那可怜的孩子，浑身通红，几缕稀疏的软毛杂乱地分布在头顶，因过度瘦弱，两只眼球都突了出来，嘴也显得特别大，整个面目活像新孵出的小麻雀，再配上皮包骨的躯干，让人看了又疼爱又觉可怜。这孩子，不好养啊，企曾先生心间烦乱，竟没了喜得麟儿应有的欢悦。

果然，孩子出生后一直体弱多病。妻子陆氏身体也不好，加上营养不良，她那点稀薄的奶水根本不够孩子吃。为了给孩子找个奶妈，郁企曾四处托人，花费了不少心思。而更叫他头疼的是家境日渐艰难，在眼看入不敷出的关口，又新添了一个孩子，日常开支的增加很快就压得他有些喘不过气。有道是"屋漏偏逢连夜雨，船迟又遇打头风"，孩子在一周岁生日那天，又大病了一场。郁企曾少不得亲自护理，里里外外地忙活了好长时间。晚上，他点亮油灯拿出账本算盘又清点核算了一下家里的钱财，算盘珠越拨越沉重，哎，又落下一笔亏空！合上账本，郁企曾盘算着，看来我得再找个事情做啦。

找事做可不大容易，为此郁企曾碰了不少钉子，增添了不少烦恼。闷时，他常常出城，到江边散心。这天，他又来到江边一个普通的小码头上，冲着江上的帆影出神。"企曾，企曾！一个人在这里赏风景，好兴致呀。"他抬头一看，来人是他当年的同窗，也在这富阳城当教书匠，看样子是出远门刚刚回来。他见面后先问候郁企曾的母亲和妻子，然后说道：

"我在船上就听人说，老兄又得了一位公子，我可要恭喜你啦。你们郁家，人丁兴旺啊。"

"哪里。"郁企曾又勾起满腹心事，"你在外边不知道，我这一年是怎么过来的。添个孩子就是多添一张吃饭的嘴，偏他又多病……现在我真想再谋点事做，当文书当收税员都可以，可这些差事上哪去找呢，我可真的有点焦头烂额。"

"老兄也不必太急，咬牙熬过这几年，日后孩子们大了，还愁什么家业不振？多子多福，老兄的福在后头哩。"

"未必哟。"郁企曾不再多说。望着他一脸愁容，老同学便把话岔开来：

"给公子起名了吧？"

"起了个小名，叫荫生。不过大名我也想好了，叫郁文，字达夫。"

"郁文，郁达夫。好，名字起得好。"

和老同学相见，虽然解决不了实际问题，但聊一聊还是多少能排解胸中的烦闷。码头上，两人告辞各自回家。

路上郁企曾感到一阵轻松，连他自己也觉得有点莫名其妙：我到底高兴什么呢？郁企曾老远就看到家里的使女翠花在向他招呼：

"先生，先生，小少爷他……"

"他怎么啦?!"郁企曾边问边加快脚步。

"他又拉又吐，发热发得厉害。"

怎么又发烧呢？郁企曾心下着急，伸手一撩长衫的前摆，小跑着赶到房里。但见母亲、妻子忙作一团，孩子的哭声都有些变音。看到郁企曾进来，她们才觉得有了点指望，毕竟是行医的郎中嘛，总应该有点办法吧。谁知郁企曾还跟以往一样，站在屋里一副无奈的表情。喔哟不好，小孩痉挛起来啦，胳膊腿儿一抽一抽的，更加吓人。大人们又是一阵混乱。陆氏心里着急，不由得脱口埋怨丈夫道："你们郁家祖祖辈辈给人治病，怎么自己孩子病成这样，就不能治治吗？"

闻听此言，郁企曾无力地走到窗边，颓然坐在一张破藤椅上。唉，这叫我怎么说呢？他心中暗想：孩子的病其实哪里用得着吃药。我还不清楚吗？他是因为营养不良才成了这个样子。母亲的奶水不足，自然不能按时喂奶，家里穷得都快吃不上饭了，也无法给他弄点合适的食物。小孩饿极了还不是胡乱给喂些东西，那弱小的肠胃不闹病才怪哩。如果不是妻子身体孱弱乳汁稀薄，如果家里不是如此清贫，纵然小孩子先天体弱，也不会病到这步田地。现在你们怪我开不出良药治病,要知道咱们最缺乏的好药,就是钱呀!可这一切,我又怎么能向你们说?说了也没用,不过给大家增添忧愁罢了。这份愁,还是让我一个人承担吧。

郁企曾一抬眼,正碰上老母亲期待的目光。他知道母亲的意思:要不然,就下决心给孩子雇个奶妈?嗨,老母亲又怎知道,雇奶妈的事我也曾托过人,可是难啊。再说,雇了奶妈,街坊邻居会怎么看我,怎么看我们这个号称"书香门第"的家庭?他们会骂我们是害人精,是吸血鬼,会说我们为了自己的孩子,就不顾别人家小孩死活了。娘,这桩事无论如何我是下不来决心的,再大的难处,都可以由我这做儿子的承担,但背上骂名、丢祖宗的脸这种事,我实在难做到啊!

不知过了多长时间,小孩总算不再抽搐,也许他已经没了力气,只好安静下来。大人们再一次被他弄得精疲力竭,各自回房休息。郁企曾听到母亲房间里又传出均匀的敲木鱼的声音,知道老人家又开始念经拜佛了。木鱼声中,郁企曾捂住脸:

"眼看着一年比一年难过,菩萨为什么就不肯保佑保佑我们?孩子啊,看来你不该降生呀,不早不晚偏偏在我们郁家最困难的时候来了。儿呀,你知道吗,你生的不是时候。"

此刻,那个名叫郁达夫的小婴儿,突然睁开了双眼,像是听懂了父亲的话。不过他的父母谁都没有注意到他,因为他们都累得昏昏欲睡了。

第三章
献给天堂的诗篇

郁企曾死了。他是病死的,也是累死的。不论是什么缘故死的,总有一个阴影笼罩着郁企曾,那便是贫困。生活的重负、无望的心情,伴随着郁企曾太久太久,他又怎能不心力交瘁呢?他唯一可以感到安慰的,是他在离开人世之前,很好地教导了大儿子和二儿子要努力读书,发奋图强。大儿子郁华(郁曼陀)很懂事,在学校学习成绩十分出色,看得出这个很有大哥气度的少年郎,将来会是郁家的有力支柱;二儿子郁浩(郁养吾)现在也开始懂点道理了,而且蛮聪明,相信日后错不了。最让郁企曾放心不下的,就是他那三儿子郁文(郁达夫)了。这小家伙的身体实在是太弱了,偏偏又赶上出生的不是时候,家里一贫如洗,又如何能把他照顾好呢?为了护理他,郁企曾劳累过度。看见孩子在病痛中挣扎,郁企曾更是肝肠寸断,心灵上受到巨大的折磨。然而,小儿子的身体没有多大起色,郁企曾却一病不起了。弥留之际他真的有点难以瞑目,要知道,小儿子才刚刚三岁呀,他放心不下这个柔弱的幼子,从心里希望做大哥的郁华能多多帮助、照顾老三郁文。

不论郁企曾怎样的放心不下,他还是撒手离开了他的母亲、妻子和一群儿女。对这位善良且勤恳一生的人,老天爷竟没有丝毫的通融。

郁企曾走后,郁家的顶梁柱倒了,孤儿寡母的主心骨没了,郁家这所小木房里哭声一片。刚刚三岁的郁达夫(当然,现在人们都喊他的小名荫生,祖母、母亲陆氏和一些族亲长辈,则亲昵地称呼他"阿官")也哭了。郁达夫哭,一半是因为恐惧,一半是因为看到全家人在哭,受气氛的感染也跟着哭。他朦朦胧胧地觉察到父亲已经离他远去了,从此他失去了一个亲近的人,他哪里懂得与亲人永别的全部含义和痛苦。可是他一哭,大人就更觉得扎心般的难过。祖母一把将他揽至怀中,又是一阵老泪纵横。

在街坊邻居亲戚朋友的帮助下,一个简易的灵堂布置在木房正中的堂间。家里所有红色、粉色的东西都收拾起来,用白布白纸装饰起来的房间显得一片素净。郁达夫也和他的哥哥姐姐们一样,戴上了临时做的白帽,穿上白鞋,只是因为年龄太小,没有像他们那样在腰间系条白色的布带条。

入夜,天又降雨,淅淅沥沥下个不停。郁达夫一场高烧刚退,无力地躺在床上,忽然他觉得灵堂那边隐隐约约地有点动静。屋内没别人,他试着蹭下床,扶着墙一点一点地挪步。因为浑身发软,郁达夫行动极为缓慢,连他自己都搞不清楚,究竟用了多长的时间才离开房间。由于赤脚，加之行走速度特别慢，所以郁达夫没有弄出一点声响，倒是雨打树叶的声音显得十分清晰。

总算挪到灵堂，郁达夫一脚跨在门内一脚留在门外，看到一盏幽暗的长明灯悬在屋中央，微弱的灯光使厅堂泛出青灰的色调，使案桌上父亲的灵位比白日幽远了许多。雨还在下着，一阵阵凉风吹进灵堂，灯光摇曳，纸幡晃动，小郁达夫不由打了个寒战。他看到大哥、二哥坐在父亲的灵帏旁边，两人严肃又忧伤。他们深更半夜穿着孝服到这里干什么来了呢？小郁达夫双腿发软发颤，但他又不愿离开，一心要瞧个究竟，于是便蹲下了身，专注于哥哥们的举动。

大哥郁华，坐在椅墩上整了整衣裳，端正好姿势后，一句一句地吟诵起悼念父亲的诗句来。这诗是他作的，他的诗一向作得很好，现在，他带着内心深深的情感吟诵诗篇。抑扬顿挫的声音听起来又优美又感人，连灵堂外边的秋风秋雨，都像是在给他伴奏。郁华一口气朗诵完了他那首不短的哀诗，戛然止住，外头的雨声显得更大了。郁华把头仰起，像是在聆听天籁的回荡。风儿撩动了几下灵帏的帐幔，他回过神来，转过头轻轻唤了声："二弟。"

呀，他在叫二哥"二弟"，平时他叫二哥唤的都是小名"浩生"呢。郁达夫又感到眼前的场面庄严了许多。

二哥郁浩挺直了身子，一字一顿地吟起了他的诗作。诗只有四句，可郁浩的声音不断地哽咽，他费了好大的气力才把诗念完。此刻,郁浩看上去似乎有点支撑不住自己的身子了。

两个哥哥又静静地坐了一会儿,才起身走到屋中央,正对着父亲的灵位跪下,深深地磕了三个头。然后他们各自从怀中掏出诗稿,在案前点燃。顷刻间火光把灵堂照得通亮,小郁达夫看见两个兄长的脸全是紧绷的,他们的眼睛注视着化作一团火焰的诗稿,亮光使他们面部的棱角极为分明,对着光的部位像是用鲜亮的橘黄色涂就,背光的部位则黑如漆墨。可是火光只猛烈地闪了几闪,立刻又暗了下去。微风中,燃尽的纸化成灰片轻轻扬起,在牌位前在灵帏边在长明灯的周围慢慢地盘旋,很快便无声地消失。

两个哥哥伏在灵前的垫子上长跪不起,肩膀一耸一耸地抽泣起来。一盏青灯淡淡的光洒在他们的身上,更增添了雨夜灵堂的凄苦。悄悄蹲在一旁的郁达夫,双眼也被泪水模糊了。他此时方才明白:从此他将永无父爱,永远永远地没有了。

第四章
"还不如死了的好"

冷雨让风吹走,不知去向,然而天气还是那么凉,不时有几片枯败的叶子飘落到满舟弄的街角,飘落到郁达夫家的庭院。郁家那座木制的两层房子,即使在风和日丽的晴天,也显得十分凄清。

日上三竿,母亲忙着收拾好筐筐竹凳等家什,就出门做小买卖去了。自从郁企曾去世,郁家的生活进一步艰难,陆氏也向邻居和友人借过几次钱,但总这么下去毕竟不是办法。眼看着家中老的老小的小都张着嘴要吃饭,大儿子二儿子的学堂也必须上,陆氏想尽一切办法多挣几个铜板。这不,她开始到集市上摆摊了,卖点瓜子果仁之类的小食品。这种小生意做好了,一天或许可以挣出一家人一顿饭两顿饭的饭费;卖得不好,那就别提了,有时候半天都挣不了一文钱。最让陆氏感到为难的还是刚刚摆小摊那几天,她是强忍着巨大的羞愧在集市上出现的。小小富阳城就那么些人家,不到三千人,商店也不过只有百十个,还是连大带小都算上。人与人之间不是熟人也是熟脸,郁家在县里虽不算是富室大户,可也是有名有姓的书香门第。如今郁家的女主人抛头露面地摆开了小摊,在旧时代说什么也不是一件光彩的事情。陆氏最初都有点害怕熟人到集市上来,她会马上就失去吆喝叫卖的勇气。可是不摆小摊一家人的日子岂不更加难过?陆氏咬着牙挺过了刚开始的艰难时期。如今她已经非常习惯出门做小买卖了,每天吃过早饭,郁达夫的两个哥哥上学一走,陆氏便急急火火收拾东西出门。

小院忙乱了一阵,很快又恢复了平静。

厅房里,又传出敲木鱼诵经的喃喃声。老祖母每天到固定的时间必定会拿起小木槌轻轻地敲打她那只木鱼。木鱼上的红漆都快褪光了,但声响从来没有星点变化。小郁达夫从屋里走出,到院子当中东瞧瞧西转转,他知道每天自由活动的时间又到了。在这个时候,没有人理会他:祖母照例要烧香念经,进行她每天必修的功课;母亲呢,定会出门做事,况且自从父亲离开后母亲变得更忙,她就是在家也没有多少时间陪他;而姐姐阿凤,不是躲在楼上的屋子里,就是跑到街上玩,郁达夫跟不上姐姐,简直没有机会和她待在一起。此外,家中就剩下使女翠花了,不过这个十几岁的大姐姐需要做的事情很多,很少陪他玩耍。

郁达夫没有什么事情可做,家中的一切都是看习惯了的。他日复一日地按时在院子里转悠,最大的兴趣莫过于能发现有什么新变化。哪怕一点点的变化,也能使他的心里头获得满足。小孩子都是喜欢新鲜刺激的,而小小的郁达夫在这方面尤其敏感。尽管他连走路都不太稳,可是毫无变化的日子已经使他有点难以忍受了。

此刻,郁达夫略带蹒跚地往花坛边的石阶上爬,显得那样费力。也难怪，他自幼体弱多病，别的像他这样大的孩子，已经能跟在大孩子的屁股后边满城乱窜着玩了，可是郁达夫呢，还很少离开过这所庭院。一副瘦弱的身体，顶着一颗伶俐的脑袋，还常要受脑袋没完没了的支配，尽量去各个犄角旮旯寻找点新鲜东西。院里哪里增添了被蚯蚓拱过的泥土，哪里又出现一条蜗牛爬过留下的淡淡的痕迹，都会让他兴奋好一阵。现在，郁达夫又要爬到高处去，他要看一看沿着墙放的那大缸，缸里养着金鱼哩。

哎哟哟，可上来啦，郁达夫顺手抹了把额头上沁出的细碎汗珠。呀！他发现缸里边变得和平日大不相同了，阳光透过院中的树叶缝隙，一丝丝一缕缕地射入水里，缸里的水分外明亮，水草和摇头摆尾游来游去的金鱼都能看得清清楚楚。而那射入水中的光束，金灿灿明晃晃，耀人眼目，竟是那般光怪陆离。咦，这些好看的玩意儿是从哪里来的？郁达夫太小，还不知道这些就是阳光。他决定把这些金丝线捞出来，拿到手上看个痛快。

郁达夫踮起脚，把手伸入水中，什么也没捞到。再努一把力，他又使劲向水下够，细细的小胳膊已经一半进到水里。还是不行。再努力，郁达夫上半身用力地探，猛地一下，脑袋连同胸部哗啦啦地都扎进了水缸。不好！郁达夫脑中只飞快地闪过这么一个念头，马上就再也顾不上想什么。他惊恐地试图起身离开水缸，可是怎么也使不上劲，双手在水中空划，除了水草他抓不到任何东西，两腿在空中乱蹬也无济于事，上半身牢牢地扎在水里就是起不来。折腾了一会儿之后,郁达夫便没有了力气,最要命的是憋在水里换不了气,隐约觉得这下子该没救了,便使尽最后一点劲猛地一挣。呼呼呼呼,他的口中、鼻中冒出一连串的气泡,脸蛋都能感觉到气泡飞速地从自己面前滑过。接下来,还是要吸气,然而他无气可吸,只好随着本能大口地喝起水来。

尽管喝水也不能使他好受,但人在水里待时间长了就无法抗拒了,这也是溺水者在穷途末路时唯一可以稍微延缓生命的办法。咕,咕咕咕咕,郁达夫一口一口地喝水,很快就喝得肚皮发胀。到最后他实在喝不下了,嘴巴张得大大,很快就失去了知觉。

不知过了多长时间,郁达夫从梦中醒来一般再次睁开眼睛,发现自己躺在床上,床边有祖母、妈妈、哥哥、姐姐和使女翠花。咦,大家怎么都围着我?郁达夫困惑不解地瞧了眼天窗,什么时候天已经黑啦!

"醒过来啦,荫生他醒过来啦!"小翠花高兴地拍着巴掌雀跃,哥哥姐姐们也是一阵欢呼。老祖母转身走到佛龛前连连说道"菩萨保佑菩萨保佑",跪下不住地磕头。只有妈妈没说话,长舒了口气两眼闭上,泪珠儿顺着鼻翼无声地淌下来。

郁达夫这才想起被水淹的事情,他怀了股讲不出名堂的委屈,轻轻唤了声"娘",之后就再也说不出话来。本来就很虚弱的人如今可是一丁点力气都没有了,也顾不上再说什么,郁达夫又昏昏睡去。当他再次醒来,屋内已变得安安静静，烛光下只有祖母和妈妈坐在一对破旧的红木椅上说话，其他人不知何时已经离开。从他们的谈话中郁达夫才知道：就在他失去知觉不久，翠花刚巧从外边回来，是翠花一边把他从水里捞出一边唤人来抢救，方使他绝处逢生，捡回这条命来。

"……可不要再让阿官胡闹了，今天我吓都要吓死，要不是翠花发现得早，那可就不得了了。"祖母很激动地说，手中的佛珠抖动得哗哗作响。见妈妈没出声，祖母催问："你倒是说话呀。"

"总不能，总不能一天到晚地看着他呀，我总要出去做事情的。现在日子这么难，家里人手都不够，谁能老守着荫生呢？"妈妈道。

"让翠花照看阿官吧。"

"不行不行，翠花的事情够多了，我一出门，家里大小事体就全靠她一人了。"

"要不，让阿凤今后多和阿官在一起吧，两个孩子彼此……"

祖母话未说完，忽然像是想起了什么事，顿时把声音收住。妈妈似乎已经明白了什么，一头趴在茶几上呜咽起来。祖母在一旁也不知该说啥好了，急得直摇头："我真不该提起阿凤。你别哭了，你的身子要再坏了咱一家人可怎么办啊。唉，偏我又是个老不中用。"

婆媳二人相扶着走了出去，嘀嘀咕咕的声音渐小。小郁达夫躺在床上百思不解：妈妈究竟为了什么一提起凤姐就哭了呢。刚才她们说叫凤姐以后多陪我玩耍,我听了多高兴呀,我一天到晚都要闷死了,就希望有个人来和我玩呢。可是,这么好的事妈妈怎么还要哭呢?

郁达夫真想冲着祖母、妈妈喊一声:我要和凤姐玩!可是他没有力气喊出来。不管怎么样,听说以后会有姐姐陪着耍,郁达夫还是十分高兴,身上也立时觉得好受多了。他甚至认为,今天差一点把命丢掉是件非常值得的事情。想起今后那美滋滋的日子,小郁达夫竟忍不住乐出声来,早已忘记刚才妈妈的哭泣和祖母的叹息。

几天之后,郁达夫恢复了体力,又开始了独自玩耍的生活。他盼着姐姐能来一起玩耍,可就是很难见到她的身影,近来凤姐更少露面了。郁达夫盼啊盼,终于有一天看到姐姐从楼上下来。他是在厅房的大门口看到的,同时他还看见在那张迎门而放的条案两边,分别坐着妈妈和一个不认识的女人。见里边半天没有人讲话,郁达夫有点奇怪,就悄悄凑到门口露着小半个脸偷看,只见凤姐站在一侧,两眼噙着泪花,好似受了莫大的委屈。妈妈呆坐着一言不发,眼睛也是红红的。只有那个不曾见过的女人一脸轻松,不,她简直是喜上眉梢。看神情这个中年妇女好像办成了一件什么大事情。别瞧小小郁达夫懂事不多,可他特别善于观察。

厅内沉默良久,中年妇女终于开口说道:"凤珍娘你莫要这样想不开,我保的媒不会有丝毫差错。不是和你吹大话,方圆几十里有哪家不晓得我刘媒婆,经我撮合的夫妻少说也有上百对了，还没听说有哪家埋怨呢，咯咯咯。"见凤珍娘一脸心事，那女人忙收住笑声，换了种十分郑重的口气说："也真难为你了，阿凤小小的年纪去给人家当童养媳，你这当娘的心里边是要难受的。不过你放心好了，别看人家叶家住在乡下，日子过得可是顶呱呱，叶家的人也都蛮好的，这些我不是都和你讲过的吗？再说，女孩家早晚是要嫁出去的，现在你们家日子穷，早点让阿凤出了门就可以少一张吃饭的嘴，叶家的彩礼也能够叫你们家吃一阵的嘛，凤珍娘你可要拎得清哟。"女人拍了拍条案上一包用红布裹着的东西。

看着口若悬河的媒婆子说三道四、指手画脚，小郁达夫从心里恨这个女人，他预感到凤姐要走了，家中从此又要少一个人了。他盯着妈妈，心里默念：娘，娘，你别听她的，千万不要让凤姐走啊。

妈妈站起来了，媒婆也笑嘻嘻地站起来。

"好吧，就叫阿凤跟你去吧，叶家那边还得烦你代我说两句。阿凤还小，才八岁，不懂事的地方还要他们多原谅。"妈妈又转身对女儿道，"阿凤你莫怨娘，实在是家里的日子太穷，你早点出去也算是早出了苦海，可不是你娘心狠……"她讲不下去了，一屁股又瘫坐在椅子上。媒婆见状连忙说："阿凤，快过来，给你娘磕头！"

小郁达夫瞪圆了双眼，眼睁睁看着姐姐被媒婆子领着走到庭院，而妈妈瘫软在屋里连门槛也没跨出。凤姐不情愿地一步步挪着，临出大门，她回头看了看木屋，又看了看院中的柚子树,那是她特别喜欢的树啊,树虽不大,可她常爱在那一点点的树荫下绣花的。莫非,莫非她再也看不到这柚树了吗?小郁达夫刚喊了声"凤姐",就觉得有双手搭在他的两肩。回头看,是翠花,翠花的眼也变得那么红。小郁达夫再转回去时,凤姐已经不见了。他一下子扑在比他大十来岁的翠花怀里:翠花翠花,你告诉我,凤姐还回得来吗,什么叫作童养媳啊?

凤姐走了,小郁达夫一言不发了,急得翠花放下手里的活计给他讲了一下午的故事。可是他什么也听不进去。若在往常,他可是爱听翠花讲故事哩,但现在小郁达夫失去了任何兴趣,你就是在他面前搭台子唱大戏,他也没心情看了。然而"大戏"终于在黄昏时分上演了,也可以说是爆发了。大哥、二哥放学回家,听说凤姐给送到乡下叶家,急匆匆地找到妈妈。

"娘,怎么把阿凤送人!"大哥火了。

"我们不要阿凤走。"二哥急了。

"娘也不想这样,有什么办法,不能老靠借债过日子吧。"妈妈在解释。

小郁达夫凑过来,不出声地看着大家,他真希望两个哥哥能说服妈妈。

"再穷也不要让阿凤走,"大哥说,"大家勒紧裤带,省吃俭用总可以吧。"

"我看你们的裤带能扎多紧,一家人天天要吃饭吧,你们俩的学费要交吧。天上能掉下钱来?"

"就是不上学,我也不让阿凤走!"二哥道。

"胡说!"妈妈的声音陡然尖厉,"我们郁家的人怎么可以不读书!你们,你们忘记了爹爹临终前是怎样嘱咐的啦?如今你们这样说,对得起谁?!"

桌上的饭菜都凉了,妈妈让翠花拿去热热,又尽量平静地说:"都不要讲了,反正我们郁家的男人,从来是要读书的。现在这个家由我来支撑,将来还不是要靠你们,就是阿官日后也要让他念书。唉,其实娘心里头比谁都苦。凑合着熬吧。再说阿凤,早晚也要嫁出去。"

呀!真没想到,妈妈竟然说出了媒婆子说的话。小郁达夫吃惊不小。两个哥哥饭也没吃,转身回房了。小郁达夫呆立在墙根,想着刚才的情形,他还从没见妈妈这么凶过。他不懂,是艰难的世道使妈妈变成了硬心肠的人。

"阿官,快过来吃饭。"妈妈在召唤。

小郁达夫扭脸望着院里的柚树,又想起了一去不回返的凤姐,他甚至觉得是他逼走了姐姐。"不是吗?如果那一天我掉到水缸里淹死了,家里不就少一个人吃饭了吗?这样,我的姐姐也许就不会被媒婆子领走了。"小郁达夫胡思乱想着,根本没有听见妈妈的呼唤。哦,柚树的影子更长了,一定是太阳又往西落了。

"荫生,听话,饭要凉了。"翠花在催他吃饭。

小郁达夫还是没理会,只管想他的心事,他在想着姐姐今晚在叶家会是什么样子,她睡在哪儿。她一定要哭的,连枕头都会给泪水打湿。他回想起那天晚上祖母提出让凤姐陪他玩的时候，妈妈突然哭了的情形。"是的，姐姐是注定不该陪我的。"小郁达夫越发觉得，姐姐的离开和他有关系了，一股懊悔之心油然而生，即便他理不清自己在悔恨什么，可是他真的很恨自己了。

"阿官阿官，你耳朵聋了吗？傻呆呆立在那里，到底想什么？"妈妈有点不耐烦。

"我想，那天，我还不如淹死了好。"

"啪嗒"一声，妈妈手中的那柄青色小瓷勺子，掉在地上摔断了。

第五章
"我愿意去砍柴"

转年,郁达夫又大了一岁。他已经不能满足于总在自家小院子里转悠,庭院外面的大世界强烈地吸引着他。他特别想迈出小院门,去看看富阳城,去看看从东、西、北三个方向包围住县城的山岗,去看看横在城南脚下的那条富春江。以前只跟大人外出过几次,给他印象最深的,就是从高处俯视县城,看着那些歪歪斜斜挤在山谷里的房子。他总觉得这些房屋是被一阵大风吹落到谷中的,大家你挨着我我傍着你,全都像是在打瞌睡,任前边绕着城脚的富春江多么美丽,谁都没有心思理会。可是郁达夫,他是多么地渴望着有一天,再登上山岗纵览四方,再走近江水坐观舟船往来啊。

在郁家宅院左边,住着一户苗裔人家。那户人家只有一间屋,却住着男女老少不少族人。郁达夫见过他们的房屋,觉得只比牛栏马槽大一点,真不知道这么多人是怎么住在里头的。这些苗裔大多没有什么手艺,更没有祖上遗留下的田产,他们的谋生手段不过是砍些柴卖,弄点菜卖,逢上哪家办丧事或是办喜事,就去帮人家跑跑腿做点事,所以这些人总在街面上来来回回地忙活,县城里的人大都对他们很熟悉。由于郁达夫闲闷无聊时总爱站在大门口张望，所以他也很快就认识这些苗裔了。

在这些忙来忙去的苗裔中间，郁达夫特别注意到一个男孩子，他比郁达夫大一岁，人们都叫他阿千。阿千的身体可是真棒，黝黑黝黑的皮肤都能闪出光亮，宽大的肩膀、金钱豹般的细腰，分明是一个力气过人的小后生。身体强健的阿千因为生活困苦所以特别邋遢不讲究，冬天他就穿一件破得不成样的棉袄，全然不怕寒风吹打；夏天呢，经常光着上半身晃来晃去，那张脸就好像出生以后从没有洗过一样。不过郁达夫对这个阿千却是由衷地佩服，他佩服人家只比自己大一岁，却早就能跟着族里的大人坐茶馆泡酒馆。

尤其阿千那副天不怕地不怕勇往直前的虎劲，令郁达夫钦佩得简直五体投地。阿千所具有的刚猛之气，正是郁达夫所缺乏的，所以郁达夫每天见他从郁家门前经过，心里头就非常非常羡慕，连他的大嗓门都羡慕。怎么他就能大声地同大人们谈天说地，或是目无旁人地唱着走路呢？郁达夫更觉得自己畏首畏尾，没有英雄气概。

阿千每做完一天的活儿，跟着家里的大人们上酒馆，总能看到郁家门口站着个小男孩盯着自己。很快他也开始注意到这个男孩。时间一长，他便忍不住上前打招呼：

"嗨，小老弟，你叫啥？"

"荫生，我叫荫生。"

"一个人多没意思，走，跟我们一起去吧。"

"呼"地一下子，郁达夫就觉得浑身的血液都涌到了脑袋上：呀，阿千在拉我和他们走哩。此刻，郁达夫真想跟上这伙人到街上去，可是他转念一想：不成啊，妈妈要是知道了，准会骂我的。郁达夫的脚动了几下，又牢牢地贴在地面上。

"这不是郁家三少爷么，想不想跟我们去？"

"你胡扯，小少爷是读书人家的孩子，能跟咱们一块儿喝酒？三少爷，是不是这样？"

"走吧小家伙，大家一道耍耍嘛，那才有趣。"

大人们笑着和郁达夫搭话，不住地左问右问。郁达夫微笑着摇摇头，连忙退回门里躲藏起来。他不得不躲开，因为他知道此时如果再不回家，保准会控制不住自己，跟上那伙人去了酒馆。躲到屋内，郁达夫的心仍狂跳不止。

可是，日子长了，郁达夫还是忍不住要和那些人见面，哪怕听他们跟自己开开玩笑也是蛮有趣的事。尤其让郁达夫放不下的，还是那个阿千，要是能和他一同玩儿多好呀。

那是一个春天的早晨，妈妈去给父亲扫墓了，祖母也早早出门，去几里地外的一座小庙拜佛上香。郁达夫的哥哥们照例去上学，连翠花也没工夫理会他，忙着在灶下洗碗刷盘子。郁达夫闲散无事，也不晓得该玩点什么才好，便又跨出院门，没精打采地望着蓝天上浮动的淡淡云彩。

那云如果不去注意，你会以为它静止不动，可要是盯住它仔细瞧，就会发现它是在移动着，自身也不停地变换形态。看了半天，郁达夫的情绪早没了：真是没有意思。他想起早上祖母临出门时，他嚷着要跟祖母一道上庙里："奶奶奶奶，我也想去庙里看看金菩萨。""不行，路远呐，你走不动的，乖乖地在家玩儿吧。"祖母没带他，独自走掉了。郁达夫不禁憧憬起庙宇里那一尊尊佛像：常听祖母讲，进了庙门，两厢有四尊威武的天神，号称四大天王，身材高大足有两人来高。第一座殿堂里迎面坐着的是胖乎乎笑眯眯的大肚弥勒佛，慈眉善目，很亲切。在弥勒佛的身后，立着一尊身穿铠甲的护法神，名叫韦驮。韦驮手持一柄降魔杵，身上系的飘带仿佛迎风飞舞。祖母说韦驮生性急躁，好打抱不平，看见人间有欺压良善的坏蛋，就会忍不住性子把坏人除掉。如来佛祖怕韦驮杀生，所以叫他背对着庙宇的山门，以免他看到人间下界的事情。过了头座殿，庙里的正殿大雄宝殿就到了，里面有三尊金佛高坐在莲花宝座上，正中间那尊便是至高无上的佛祖如来，再往后走还可以看到救苦救难的观世音菩萨和藏经楼。这些郁达夫早就想瞧瞧，然而没有人肯带他去。

"春去春来又一年呀哎嗨，还不见夫君呐把家转哟……"阿千一个人唱着戏走过来。他腰间别着把镰刀，肩扛一条小扁担，扁担上还套着绳索，看样子是准备上山打柴。阿千也看到了郁达夫，便站住：

"荫生你知道吗，鹳山后面的盘龙山上，映山红开得一片一片的，好看哩。山上还有乌米饭哩。"

"什么是乌米饭？"

"就是一种又小又黑的小果子嘛。那里还有彤管子呀刺莓呀，多咧……"

"什么是彤管子？"

"彤管子就是一种带刺的果子嘛。你莫问起来没完，到了山上一看就知道了。你跟我去吧，我可以采一大堆给你。你奶奶不就在北面山脚下的觉真寺里念佛吗？等我砍好了柴，我就可以送你去寺里吃斋饭。"

"不是觉真寺，是真觉寺。"郁达夫纠正他。

"对的对的，是真觉寺。哎呀你可真啰唆，反正你奶奶就在那边，你去还是不去？"

"去，去，去！"

其实，郁达夫早就想出去了，如今阿千一提议，他哪有不答应的道理。郁达夫迈着两条小细腿跑了起来，阿千甩开大步很轻松地跟着他，一脸的不明白。他不晓得，郁达夫是担心翠花发现了，会阻止他出门。出了巷口，郁达夫仍不减速，一口气沿着江边跑出了县城。

出得县城城门，眼前的天地顿时宽广了起来。郁达夫的冒险热情，顷刻间被大自然无边的威力压倒。现在，展示在面前的景象令他眼花缭乱，到处都是陌生、神秘和充满了无穷趣味的东西。郁达夫不禁放慢步子，跟在了阿千的后头。

哦,麦子已经长高了,麦田里的树是什么树,对,阿千说过,是桑树。看呐,桑树枝上吐出的嫩嫩叶芽,有点毛茸茸的呢。"出出出出",那是老鹰俯冲下来捕食时,翅膀扇动的声响。郁达夫从未这么近地见过老鹰,连它的大花翅都清晰可见,原来鹰的动作是这般快速敏捷。树枝上又是什么鸟在叽叽喳喳,像是在打架又像是在谈话。

"嗨,你听这个干什么?"阿千催他赶路,"麻雀叫有啥好听的,在城里就没听过吗?我们朝前去,那边竹林里的鸟声才好听哩。"

郁达夫有点不好意思,继续赶路。一路上他问这问那,仿佛世上的东西样样新鲜,而阿千呢,真像是一部小小的自然百科全书,什么都能给郁达夫一个满意的答复。去盘龙山的这段荒野之路,像是为郁达夫准备的人生第一本自然教科书。现在郁达夫对阿千更加佩服,不,他对阿千已经是崇拜了,阿千就是他心目中的英雄。

"哇",郁达夫发现路边长着一蓬蓬像小孩子的拳头似的小草,"拳头"上边长满了绒毛,看上去活像是大虫子。郁达夫看了心里害怕,每遇上一丛都要绕开它们。阿千乐了:

"怕啥,这是蕨菜,采回去把下面的粗干切了,炒着吃味道是很好的哩。"

郁达夫这才松下口气。那边就是竹林了,远远的竹林中，有鸟儿叫得跟唱歌一般，抑扬有致，尾声又每每拖着余音，动人极了。郁达夫侧耳倾听，半晌才想起问阿千是什么鸟，叫声这样好听。阿千告诉他，那是深山里的画眉，在百鸟之中，顶数它的歌声最为婉转动听。

不觉之间，地势渐高。郁达夫觉察到他们已经来至一座小山的半山腰。山上，红色的绿色的草交杂生长，艳丽的颜色使郁达夫感到有些目眩神迷，不知怎的他忽然想起兄长们背诵的唐人诗句"乱花渐欲迷人眼，浅草才能没马蹄"。谁的诗？是白居易吗？他一时想不起，可这诗句分明像在描绘眼前所见。接近中午了，太阳直射在山坡上，从草木泥土中蒸发出来的清新气息，竟让郁达夫觉得连呼吸都有些困难。这可是大自然发出的香气，莫不是我已经来至人间仙境？

天渐热，身强力壮的阿千走得燥热，索性把破夹袄脱下，往地上一丢，说："荫生，你到那块大石头上歇歇，我要砍柴啰，顺便再采点野果。"说完阿千唱着听不出词句的戏文独自走开，很快隐没在矮树林里。

风和日丽，四野悄然，偶尔传来叶儿的抖动声、鸟儿的短暂啼鸣，衬托得这世界更加恬静。郁达夫轻缓地登上挺立在半山的一块巨石，向山下的大江一看，心胸豁然开朗。看呀，那宽广的水面上，有船儿无声地来往着，它们到底是从哪里来的，又要往哪里去呢？与江面相映照的，是清澈犹如被水洗过的碧空，深高难测。呈现在郁达夫面前的景象竟那样的壮丽，以至于把这个六岁的孩童惊呆了。他贪婪地看着令人惊异的无边景致，山脚下一片片绿野桑田，在春日的阳光下格外明丽鲜活，被光波和水汽衬得似在微微颤动。极目天际，远山远水全都披上了淡淡的青绿色薄纱，缥缈幽深，真不知那一边又隐含了多少生机。这个世界可真大呀。

　　微风把远处阿千的歌唱声轻轻送来，转眼，风儿减弱，歌声又听不到了。郁达夫不觉又感到有些孤寂，心中升起一种莫名其妙的渴望与愁思：我要等到什么时候才能长大呢？我要等到什么时候才能到那天边似的远处去呢？哦，当我真的大了真的去了远方，那么我的家呢？我家里的人又该怎样呢？他陷入了为难的境地，远方的神秘勾起他无限的向往，同时一种从未体验过的告别家乡的忧愁突然冒出来在心头苦苦纠缠。郁达夫被内心的矛盾折磨着，左思右想没有出路，眼角居然涌出了热泪。他的脑子昏了，视线也模糊了，独立在阳光之下进入了梦幻世界：江上漂着一只被擦拭得干干净净的大船，船上张起了一面特大的白帆，白帆被风吹得肚子鼓鼓的，自己和祖母、妈妈、翠花、阿千等人都在船上头。大家吃着丰富的食物，听着戏，无忧无虑，听任这条大船顺着水漂下去。当船儿来到一个不认识的地方后，郁达夫发现城里的茶馆、酒店统统都被搬到一座山上来了，他和阿千就在这山上的酒店里开怀畅饮，喝得高兴时两人便大声嚷嚷地说话。那副豪爽的样子，招来很多大人，人人一副惊奇的模样仰头观看。

陷入幻境的郁达夫不知做了多长时间的白日梦，忽然回到现实中，见阿千背了一小捆柴草携了包野果子已经回到大石边："快赶路吧，莫误了你的斋饭。"郁达夫从阿千手里接过用小褂包着的野果，边吃边跟着走。这些刺莓、乌米饭之类的果子吃到嘴里，特别香甜。转到山后，山下真觉寺的钟鼓声便从天空中传送到他们耳畔。看到寺庙的厨房房顶升起一条青烟，阿千放下柴草："他们在烧中饭了，大概这就要吃饭，我先送你到寺里去吧，然后我再打柴。"

阿千把郁达夫送进寺后又走了。看见郁达夫，祖母和许多念佛的婆婆都睁大了眼睛惊异起来，问他究竟是怎么来的。郁达夫感到非常得意，就把他怎样出的城，又怎样和阿千走山路采野果的情况一一细述。这时已到了开饭时间，郁达夫随着众人进入斋堂吃饭。这是他第一次吃到斋饭，胃口大开。忽然他又想起了阿千，强烈的自卑感袭上心间，今天的出逃和野游壮举，不过是偶然做成的事情，在郁达夫的心中他永远属于那所紧紧关闭的小院。阿千多好呀，天天都可以上山砍柴，无拘无束地饱览大自然的美妙风光。老天爷对阿千真是格外照顾，也许老天爷最欣赏体格强健的人，才这么安排人们的命运。于是，郁达夫对阿千那英雄般的崇拜，又加深了一层。正巧旁边一位老婆婆笑眯眯地问郁达夫说:"荫生啊,等你长大了,打算去做什么?"郁达夫毫不迟疑,放下筷子郑重地回答道:"砍柴,我愿意去砍柴!"

满座的人都怔住了。

第六章
"我要发奋读书!"

阿千死了。

郁达夫感到生活一下子失去了数不尽的东西,特别是他的梦也好像被阿千带走了。阿千,他死得好惨,好可惜哟。这一年涨大水的时候,阿千他因为喝醉了酒,糊里糊涂地竟走到江边最危险的地方。他根本没有觉察到这个地方已经没了人迹,他还是按照以前的路线走。大水突然来到,阿千小树叶般地给卷入漩涡,淹死了。

从此,富阳城的茶馆里少了一位小少年,那座牛栏似的破屋里,苗裔们也失去了欢乐,少了生气。但没有人知道,在苗裔破屋旁不远的一处小院中,还有个名叫郁达夫的小男孩黯然伤神,他心中悲哀的程度,丝毫不亚于阿千的亲友们。对郁达夫来说,他失去的是心中的偶像、生活中的老师,也是他的保护神。有阿千在身边,郁达夫就敢出门玩,就不会有"野孩子"来欺负他这个小不点儿。可恨的洪水,无情地夺走了郁达夫的阿千,他的良师益友。

妈妈的脾气变得越来越坏,有点喜怒无常:对她的小儿子郁达夫疼爱起来,会揽到怀里心肝宝贝地念个不休;发起火来,眼睛会瞪得溜圆,尖利的叫喊声让郁达夫感到耳膜都快给刺穿。这也难怪,自从父亲去世后,她便承担起一家六口的生活重担,承担起孩子们的教育重任,除了到镇上摆小摊外,也就只能依靠郁家在乡下的那五六亩并不丰腴的田地,租出去收点租谷来维持生计。如此艰难的处境使她把心思全用到了精打细算上去,每天不住地奔波操劳,心情不可能不受影响。要不是因为困难,她又怎会把亲闺女送与人家当童养媳呢!

家里的伙食愈加不好,肉蛋已成为稀罕物,难得一见,日日相见的只有粗粮和咸菜。看着胃口不佳的孩子们冲着粗粮咸菜发愁,做母亲的总是带头夹起一箸咸菜送入口,然后露出(实际上多半是装出)笑容:吃吧吃吧,快吃,香着哩。

又一个秋天到了,天气渐渐变凉,身兼父职的妈妈每到这时总是格外忙。妈妈总不在家,她要到乡间去收租谷,然后还要找人帮忙,用一种名叫"砻"的机器把谷壳去掉,接下来她还得雇船,把谷米、柴火一起运回来。这一系列繁杂的事务都要靠妈妈一个人去完成,所以这时候她是什么也顾不上了。郁达夫呢?他年纪尚小,只知妈妈忙,却绝想象不到妈妈是这么忙不过来。他只觉得,每到秋天他会更加寂寞,哥哥们没时间和他在一块,妈妈又到乡下去,自己憋在家中孤苦郁闷,所以,到江边去等妈妈就成了他最想做的事情。尽管总是等不来妈妈,但他还是要去等。

一连几天的西北风，把天上鳞状的云朵吹得干干净净。天际碧蓝无云，阳光虽愈加明媚却已失去了几分热气。清爽的风儿吹动着富春江两岸的树木，那些乌桕树、槭树、枫树向世间展示出它们遍身的秋叶，红的更红，黄的更黄，再加上还未来得及变色的叶子，构成了红、黄、绿三色杂混的斑斓景象，仿佛换上了秋季的时装。一切都在告诉人们，秋天来了。

离富阳城南门码头不远的水边，郁达夫又坐在那块大条石上。他的头上蓄着一圈罗汉发，穿着一身黑色粗布制成的棉袍子，在阳光里张望着江中来往的樯帆。这时节从上游开下来的货运船只特别多，因顺风，水手们把帆张得满满的，让它兜满了风儿使船只加速。一张张细长的白帆，在青绿的江面上映着倒影，像飞动的云又像奔跑的白象，无声地滑行于江面之上。点点白帆之后，是红绿相间的山峦和蓝天碧水的天然背景，万物都显得宁静和谐。郁达夫无言地看着眼前的一切，虽然几乎是天天看到的景象，可他还是发觉出变化来。这江面因为没了潮水，水势大减，水色倒是清澈了许多，清得可以照见水面上鸭嘴的斑纹，但比起春夏时候的水量，江水要浅得多了，差不多浅了有丈把深呢。

郁达夫看到浅下去的江水，心中一苦，想起死去的阿千来。阿千，你在哪里呀，我好想你，真的好想你。郁达夫默默地念着，脸上没有任何表情，他很希望阿千能从那变浅的水里浮出来，还像以前那样活泼健壮。郁达夫早就注意到水边那几个孩子，他们在那边观看过往行船、摸鱼虾、采拾小石子。那些被水冲得非常光洁的石子，确实特别漂亮。后来，他们又在沙滩上挖泥沙，堆建起城堡来。唔，堆得还不错呢，有大房子小房子，而且房子都被一道城墙围起来，城的四边还各有一座小城门。那几个小孩玩得特别起劲，手舞足蹈地在沙滩上来回跑动，不时发出欢笑声。郁达夫丝毫没有想到自己是不是可以和这几个小孩儿一块玩，他在心中已经习惯把自己和别人分离开，尽管这样一来觉得很孤独，但他就是没有情绪去和其他小孩拉话、相识、玩在一起。此刻他还是想念着阿千，他难得的朋友，他崇拜的强人。要是阿千活着，他一定也会带我来摸鱼虾、堆沙造城的；有阿千在，我们建造的城堡保险比这几个人强得多。听着沙滩传来的欢闹声，郁达夫这么想着。

"荫生，又跑到这来啦。"身后传来了翠花的声音。郁达夫连头也没有回，他知道翠花是来江边干活的。果然，翠花也不等郁达夫答话，便走到水边的一块青石上，蹲下去忙着淘米洗菜，干得很麻利。郁达夫这才想起来，他到这里，原是为了等妈妈的。怎么这一阵胡思乱想的，思想也不知跑到哪里去了呢？

妈妈现在在哪儿呢？郁达夫内心又升起不安之情。他记得妈妈这一次出门和以往不太一样，走得很急，而且脸色也很难看。好像是在妈妈下乡前的一天，乡下来了个什么人，告诉了她些什么事情，第二天妈妈就动身了。郁达夫虽然不知道发生了什么，但他预感到，今年的秋天与往年不一样，大概又要有坏事临头。因此，郁达夫觉得在江边等妈妈比以往更有意义，他不放心啊。

将近中午，翠花洗好青菜站起来要走。她笑着问了郁达夫一声："荫生，肚皮饿了没有？"郁达夫知道他也该回家了，站起身来准备走，但还是头也不转地凝视着远处。翠花见这孩子心事重重，更加觉得郁达夫可怜。她走近前握着郁达夫的小手，弯下腰轻声细语地在他耳边说："你是在惦记着你娘吗？她明后天就会回来的，快了！"郁达夫这才转过头来，仰起脸向翠花露出一丝苦笑。

翠花在前头走，郁达夫跟在后面。这两个人相差十岁左右，个子也相差一头，他们看上去不像一对主仆，倒像一对姐弟。实际上他们是主仆的名分，却有姐弟般的情谊。两个人慢慢离开码头，进了城不久便回到满舟弄家里。正午时分，太阳晒着这座旧式三开间楼房向南的台阶，院中各色花木繁茂，可沿墙摆的那几只大金鱼缸，里面的水都给舀去了一半，自然是害怕再淹到郁达夫这个家中的老小。郁达夫进了大门跑着来到正中的厅房，向正坐着念经的奶奶问道：

"奶奶，娘就快回来了是吗？翠花说不是明天就是后天，娘总可以回来的，是真的吗？"

奶奶没有答话，只轻轻把头点了点，仍旧念她的经。郁达夫却感到十分满足，因为他总算是知道一点妈妈的消息了。他调皮地侧过头看了看奶奶念经的那张扁嘴，又看看她手中的经文，估计奶奶一时半会儿不会停下来，便跑到厨房找翠花说话去了。

吃完午饭以后，三开间的楼房和整个院落分外安静，奶奶仍旧去念她的经，她每天将好多时间用在这上头，显得挺忙的。翠花在厨房收拾餐具，偶尔传来几声低微的锅碗相碰的声音。几只蜂儿蝇儿之类的飞虫，趁着太阳光充足温暖，又飞到花木丛中，发出一丝丝嗡嗡声。郁达夫觉得周围静得如同在坟墓里一般，于是懒懒地走到一间有南窗进了阳光的屋子，不出声地坐在一张藤编的躺椅上，随手捡起几本石印的小画本，翻看两下。没过多久，他就和衣睡着在了这张铺着被子的躺椅上了。

听得厅房有动静，郁达夫用力把眼睛开，惊异地发觉太阳已经西沉了。这么长一段时间真不知道怎么就过去了。不过，更令小郁达夫惊异的是，正厅传来他再熟悉不过的妈妈的声音，咦，她怎么今天就回来了。小郁达夫又惊又喜，跳下躺椅就往正厅跑，然而他还来不及喊一声"娘"就被厅堂里的异样气氛镇住。只见妈妈站在供桌前，冲着父亲的遗像边哭泣边诉说：

"……你哪里知道哇，自从你走后，我们孤儿寡母过的是什么日子啊。……家里没了主事的男人，谁还把咱们郁家拿正眼看一看，亏他们还是老邻居，还是亲戚哩，欺负我们这一家老的老小的小。老天呐，怎么不叫他们遭报应啊……"

郁达夫连忙走到站在一边的翠花身旁，因不知发生了什么事，有点发抖。翠花伏在他耳边，偷偷告诉郁达夫：乡下有的邻居、亲戚欺负郁家孤儿寡母，盗卖郁家的田产，盗运堆在乡下的租谷。

郁达夫这才知晓，妈妈匆忙赶到乡下，原来为的是处理这些事情。无奈那些黑了心肠的人又奸又狠，妈妈怎么跟他们争也争不过，反倒受了一肚子气，难怪她哭得如此伤心。

"娘——"

郁达夫哭着挪到妈妈跟前。妈妈回过头看了一眼小儿子，猛地把他扯到怀中，搂紧那颗小脑袋，放声痛哭起来。一旁的翠花早已泪流满面，见此情景，也禁不住哭出声，她一边哭一边咬牙切齿地咒骂乡下那些无赖亲戚邻居。这时妈妈的手反而松了，哭声也变小了，郁达夫又被翠花揽过去搂在怀中，她说："好荫生，不哭了不哭了，别哭坏了身子。我们怕什么？以后你长大了，和你大哥二哥一起管家，看谁还敢欺负我们！……"

"你过来，阿官。"不知何时，妈妈已经收起眼泪，平静起来。她很郑重地把郁达夫领到他父亲的遗像前，一字一句地说："我们郁家别的谈不上，但世代都是读书人，从来受人尊敬。只要你今后肯用功发奋读书，我们郁家迟早还会有出头之日。来，给你爹磕头，告诉他你一定会好好念书，也让你爹在地下……睡……睡得安……"妈妈说不下去了。

小郁达夫陡然产生了一种庄重的感觉，规规矩矩地趴着磕完头，仰起瘦瘦的小脸，说："爹，我听您的话，听娘的话，以后我一定会，一定会发奋读书，您就放心吧——"

第七章
"保佑保佑这苦命孩吧"

在这间老式的学堂——书塾里边，一位老先生半合着眼睛坐在椅子上，听一个脑后边拖着根小辫子的男孩子哼哼呀呀地背书。他确实有些老了，背已经驼了，头发变得稀疏，脑后一根焦黄发白的辫子比背书的学生粗不了多少，脸上架了一副眼镜，几乎要从鼻头上脱落下来，手中那管烟袋杆里的火早就熄灭，他却还偶尔把它端到嘴前，"吧嗒吧嗒"地干吸两口，然后嘴巴"吧唧吧唧"，也不知吸到点什么味道。

此刻，背书的学生正在极力地朗诵课文，身体一摇一晃地左右摆动，老先生也在轻微地摇摆身子，师生二人摆动的方向虽不一致，然而节奏却是一致的。实际上，全班学生一齐朗读课文时，也是这么晃动的。多少年来，书塾里的人们都是这个样子，这种动作看似单调，如同座钟的摆一样来回动，总没有任何变化，可是这样的动作对他们记忆课文有一定的帮助。而且这般动作，也使得朗读者念起书来更具有音乐性，有助于达到先生的要求：诵读文章，要朗朗上口。

眼前这个男孩子，显然还没有把文章背得滚瓜烂熟，所以他晃动的幅度特别厉害，仿佛要把脑袋瓜里那些记得不甚牢固的词句给晃出来似的，十分卖力。而他前后左右的学生大部分已经开了小差，他们大概在庆幸老师没有让他们站起来背书。有人斜视着背书的同学，嘴角露出一丝幸灾乐祸的微笑；有人则闲得难受，起劲地盯着老师手中的那管烟袋杆，看完烟杆头上晶亮晶亮的白铜质地的烟锅，又看另一端镶着翠绿的玉石的烟嘴。或许他在心疼这块美丽非常的玉石，竟被一次又一次送入先生那张外有杂乱胡须内有缺损黄牙的嘴中，太可惜了；或许他又因此联想到自己的遭遇，觉得自己被父母送入书塾念书，就和那块翠玉让先生的嘴含起来一样可悲可怜。总之不论他们想或没想，有一点是无疑的，走神！最不幸的还是背书的那个孩子，眼看就要背不下去了，急得连鼻尖上的汗都顾不上抹，一想到先生体罚的手段，罚站或是打板子，他的心中更为慌乱，身体晃动的幅度开始变小，连声音也略带颤抖。幸而，他身边那个身材矮小而且单薄瘦弱的同桌，趁先生不注意时，偷偷把翻开的书本给他瞧了一眼，背书者这才犹如溺水之人于没顶之际，突然抓住块木板一样，逃过了大难。

听完学生的背诵，先生的眼睛并没睁开，只徐徐用手摸了摸头顶：

"尚可，尚可，坐下吧。"

背书的学生如释重负，长吐一口气，用感激的眼神望着同桌，无声地坐下。

"看起来嘛，"先生说话时依旧没把眼皮打开，"文章，你们下去以后还要用功地背，功夫还不到家呢。当然啦，你们不要以为读书识字，会背两句'人之初，性本善'或者'天地玄黄，宇宙洪荒'就可以了。学海，无涯咧。下次上课，我不教你们背文章了，教你们一点实用的本领，对对子，就是对联。你们家家大门上都有的，应该熟悉的，也许我还会出个上联，让你们对下联。"

书塾内开始骚动，孩子们一听要让他们学对对子，不免紧张，交头接耳议论纷纷。老先生用力咳了一声，压住屋内的嗡嗡声，说："慌什么，我会教你们的。对对联嘛其实也不难，不过是雾对雪，雨对风，碧水对蓝空……"他的话音还未落净，就听一个幼嫩的声音清脆地响起：

"长对短，窄对宽，以后对从前。"

"咦！这是谁呀?!"先生突然睁开双眼，吊起两只黄眼珠，从眼镜架的一边朝下扫描一番。

这回可把众人唬住了，没谁敢出大气。先生这么严肃，像是真的动气了，平素他最讨厌有人在堂上随便讲话，何况这次还是接他的下茬。谁都知道，先生治人的手段有三个：一是罚站；二是用抽屉里那条戒尺打人手掌心；第三最厉害，是用那根一尺多长的旱烟管打人脑壳，那铜制的烟袋锅只要往谁头上一敲，保准会敲起个大肿包来，同学们最怕这个了。此时此刻，先生已经抄起烟袋，将烟袋锅一下一下轻轻地砸在自己的左手心,说:"是谁呀?站起来,还要先生请吗?"

一个瘦弱的孩子不情愿地站起来,两只眼睛里充满不安。他就是刚才给同桌做提示的那个学生,现在他别说有多后悔了,连他也不清楚,今天怎么这么爱耍聪明。帮助帮助同桌阿方,原属两人的情谊,可为什么还要接先生的话茬呢?现在也只好听凭先生处置了。

"叭!"

响亮的一声,惊得全班人都打了个寒战。大家定睛一看,方发现是先生把烟袋锅敲在了他的桌子上。

"哈哈,我就知道是你,荫生!"先生笑了,"除了你,就没有人能接得上我刚才的话了。"

"学……学生听先生讲对对子,听着听着,不知怎的,话就从嘴边溜出来了。请先生原谅。"郁达夫紧张地应答着,竭力把话说得谦恭些。

先生却没有理会郁达夫的"检讨",自语似的说:"长对短,窄对宽,以后对从前,有点意思。虽然稍欠雅驯,不过对得还是蛮工整的嘛。不错呀荫生,有谁教过你?"

郁达夫摇摇头。

"哦?那,我出无花果,你能对吗?"先生想看看郁达夫刚才是不是蒙的。

"美人蕉?"郁达夫轻轻答道。

"不算好。"

"罗汉松。"

"好多啦，只是字面又不工整啦，还不如刚才的什么以后对从前呢。"先生的脸色越来越好看，显出了少见的和善与耐心。

"先生，对迎客松好吗？"郁达夫立刻又说。

"好！才思敏捷，才思敏捷！"先生声音变高，又转向众人说道："上学念书，就要学荫生这个样子。不要以为荫生比你们聪明多少，他是很聪明，可是他也一向很用功的，人家才算是发奋读书呢。"

放学后，郁达夫照例夹着他那个绿布书包往家走，脑后的一根红丝小辫随同步伐节奏一颤一颤地。郁达夫总觉得自己当初入学那件事，很有点朦朦胧胧的神秘色彩。记得那年冬天的一个深夜，他困得不行，一个劲地揉眼睛打哈欠，只感到不去睡不行了，却寻不见妈妈的影子。每晚，他在睡觉之前，总要跟母亲打声招呼的，可是今晚，妈妈怎么不见了呢？已经进入迷迷糊糊状态里的郁达夫正不知如何是好时，忽然看见从门外进来一位提着灯笼的老先生。老先生举止大方，面容慈祥，郁达夫看着这位须发皆白的老者，还有他手中光影摇曳的灯笼，只觉得是位仙人降临凡界，心中一阵茫然。

"老爷爷您找谁？"

"就找你。孩子，我是来替你开笔的。"

"开笔？"

"是呀，开笔。你想读书吗？想读，就要开笔呀，这是读书人的规矩。"

"阿官呀，快别问了。"不知何时妈妈出现了，"过了年就要送你去读书，就照先生吩咐的去做！"

老先生把灯笼放在地上，又将提灯笼的竹棍斜搭在灯笼上，然后转身到桌案上取来几根香。郁达夫这才发现，案上头已经端端正正地安放了孔子的神位。因为妈妈在一旁严厉地监督，郁达夫顾不得细问读书为什么还要"开笔"，只得把好奇和疑问放在一旁，按照吩咐去做。他知道大人们都是一样的，认为前人立下的规矩是要后人做的，照着做最重要，问明白弄清楚则没有必要。于是，郁达夫跟着老先生把香点燃，又将香插在孔子牌位前的一只小香炉内，随后，按先生说的，他又退后两步，行了"三跪九叩"的大礼。礼毕，他又在香案前面的一张桌子上，写了一张"上大人"的红字，再把《三字经》里头四句"人之初，性本善。性相近，习相远"念一遍。至此，开笔的仪式算全部结束。郁达夫发现妈妈有点激动，眼眶有些湿润。他知道，从此以后他也和父兄们一样，成为孔圣人的门徒了。既然家中世代都是读书人，那么他郁达夫也就只能做这种人了，而且，为了把读书人的事情做好，就必须用功用功再用功，发奋发奋再发奋。

"站住！"

一声喝叫，吓得郁达夫收住了思绪。不晓得什么时候，班里的几个同学堵住了他的去路。郁达夫清楚这些人都是富阳城里有钱人家的子弟，别看功课不怎么样，可一个个都不那么安分守己，在书塾里当着先生表面还算老实，可一到了街面上，立刻都变做一副"吃得开"的模样。只是，郁达夫不明白他们为何要在半路上截他，大家平时井水不犯河水呀。

郁达夫站住不动，也不开口，任几个同学对他形成半包围之势。为首的叫阿济，他侧对着郁达夫，两眼只往天上看：

"你不错对吧，先生出上联你就对下联是吧，你当秀才自然没有事了，可先生要是考我们呢？你怎么办，能像帮助阿方那样帮助大家吗？"

阿济手一挥，众人情绪更加激动，七嘴八舌地谴责郁达夫不该逞能害得大家被动。由于明显有忌妒心作怪，所以话说得很难听，当然他们并没有解多少气，他们不愿意仅仅看到郁达夫两眼噙泪，而是希望搞得他"哇"的一声大哭起来，那才过瘾。偏在这时候有人看到郁达夫的同桌阿方朝这边走来。阿济他们怕阿方，不仅因为阿方年龄大个头高，更因为阿方为人正直讲义气，乐于帮助同学，哪怕受先生的冤枉与责打都不在乎，所以大家不免忌惮阿方。

"我们走！荫生你要识相点，不然我可不客气。"阿济威胁完了，便带着"兄弟们"走了。

"荫生，你怎么啦？"阿方赶过来询问郁达夫，"是不是阿济他们欺负你?"

郁达夫不肯吱声,他怕实说了阿方会去找阿济他们算账。阿方这人在有的地方,太像阿千了,处处有朋友,郁达夫心里腾起一种幸福感。见郁达夫不肯说,阿方也不追问了,两人无言地走到岔路口,阿方神情郑重地说:

"过两天我们家要搬走了,我也跟着走,不晓得咱们还有没有机会见面。"

听罢此话,郁达夫的心猛地往下一沉,张了张口,什么也没讲出来。

"不要紧,荫生,咱们总会见面的。如果见不了面,那就写信联系,你会给我写信吗?"

"一定。"郁达夫小声回答,但语气特别坚定。

与阿方分别后,郁达夫回到家立刻伏在桌前,一头扎进书堆里。读书,对郁达夫来讲不仅仅可以增长知识,为日后走上社会做准备,它还是一种摆脱苦恼和委屈的方式,每逢有什么不愉快,郁达夫总要靠沉浸在书本里来排遣、转移和减轻忧烦。尽管他年纪还小,却已经养成了这样一种习惯。

天色晚了,郁达夫还没有下楼吃饭。翠花想去叫他,却被陆氏拦住,说:"今天就随他吧,这孩子看样子有心事。"实际上是陆氏有了心事。眼看着小儿子在书塾功课越念越好,那份才华丝毫不在他兄长之下,陆氏自然心中暗暗欢喜。但是近来她又为小儿子念书感到不安,因她听到的夸奖太多了，特别是有一回，郁达夫听一群长辈谈诗论道，热闹非凡，谁也没想到小郁达夫在一旁脱口吟出一首诗，技压群雄，在座的人全都惊呆了。由此郁达夫被夸为神童。消息传到陆氏耳中，陆氏反倒担心孩子太聪明了会影响寿命。她相信这种说法，又怎能不忧心忡忡？

陆氏转到佛龛前，跪下默念道：

"大慈大悲的菩萨哟，阿官这孩子命苦，三岁上就失去了父亲。他长得这么弱，又是个犟脾气，偏偏脑袋瓜子聪明得不得了，莫非他寿数不长，会夭折？哎哟救苦救难的菩萨呀，求求您慈悲为怀，保佑保佑我这个可怜的奶末头（意即最小的孩子）吧。"

想到这里，陆氏简直有点急了，忙向菩萨许了一堆的愿。她发誓，要不顾一切地去呵护她的小儿子，不容任何人侵犯。她要尽力去塑造这个孩子，让他将来成为一个大官或体面的绅士，让他光宗耀祖为父母争得荣誉，让他有一副孝顺的心肠，将来好尽心尽力地赡养自己。所以，阿官他绝不可以早夭。静对虚空，陆氏寻不到伤害小儿子的妖孽。她真想把那个会害她孩子的精怪找到，她会不顾一切地上前拼命。

楼上，郁达夫并不知妈妈为他担心得快要疯了，只是把书念到得意处，露出会心一笑。

第八章
"我不要皮鞋穿了！"

从私人书塾转入县立书塾"春江书院"，郁达夫成了班中年龄最小的学生。他们那一班的同学中，有几个还考中了秀才呢，年龄已近三十岁了。这帮比郁达夫大得多的书院学生，出现在班里虽然显得很不协调（他们的背都有些驼了），可毕竟老成有威仪，特别是他们穿上袍子马褂，摇摇摆摆走回乡下去的那副样子，叫人看了不禁肃然起敬。当然，他们大多是有收入的，在吃穿用度上，远不是郁达夫这样的穷学生所能比的。看着这班秀才趾高气扬财大气粗的模样，郁达夫心中很是不服气，他除了在读书上跟他们一比高低之外，就只跟班上贫穷人家的孩子交往，并不由自主地开始厌恨世上那些有钱的人。郁达夫后来觉得这也是自己的一个怪毛病，可他就是改不过来。

不久，春江书院在全国一片教育改革的呼声中，被改成了县立高等小学堂。书塾改作了洋学堂，学生们要在这里学数学、学外语，这件事情使得富阳城都轰动了。要知道，此时此刻中国还是在清政府统治之下呀，这样的变革在大多数中国人头脑里，想都没敢想过。

"哎哎，县上书塾改成洋学堂的事你晓得吗？"

"怎么不晓得，学生们今后不单要读诗书，还要学洋文哩。学成后你要是不看人光听他们说话，保险以为是洋鬼子在聊天。"

好长一段时间里，书塾改洋学堂的事，是县城所有茶馆酒店里人们的谈天材料，人们议论纷纷，各有各的看法。

"改洋学堂，谁的主意？这样一来还成什么体统？搞不好要亡国。"

"你懂啥哟，听说这可是张之洞张香帅的主张，为让后生们变得和洋人一样厉害，这叫'师夷长技以制夷'嘛。"

"快看，快看，洋学堂的学生来啦。"

郁达夫几乎每天都能听到类似的议论。也难怪人们议论，这一变化实在是大，书院原来的旧考棚给拆去了几排，这一拆，似乎在向人们预示，千百年来的旧教育体制将不复存在，以后的读书人就不用考秀才考举人考状元了。在拆出来的空地上，洋学堂盖了一间带点中国味道的洋房子，外表颇像一个鸟笼子。校舍的改建，招得城外五六十里远的乡下人都成群结队带了饭包雨伞，赶到城里看新鲜。而郁达夫这些"洋学生"，也穿上了统一用一种黑色斜纹布做成的制服。在人们眼中，学堂的校服简直就是奇形怪状的，教人惊奇得百看不厌。

"哎哎你看，洋学生们穿洋服啦。"

"是啊是啊,样子怪得很,不过,也是蛮好看的呢。"

"他们算是赶上好时光啦。"

瞧着人们对自己侧目而视,听着人们对自己的谈论,郁达夫这些"洋学生"们心里好美。

这年年底,郁达夫和班上四名同学以优异的成绩,受到学堂堂长(校长)和富阳知县(县长)的提拔,升入高两年的班级。富阳城的人们听到这个新闻,好是轰动。

转眼又到了第二年的春天,要开学了。这时,郁达夫又有一桩心事萦绕心头,挥之不去。

原来,在郁达夫的心中,单纯地认为穿上一身学校的制服,再配上一双皮鞋,那才最为理想。他幻想着挺起胸昂起头,走在石板路上,给街道留下一串"哒哒哒"的脆响声,那该多么的带劲儿呀!尤其想起班上那些比自己大上一半年龄的学生,瞧他们那个个目中无人自鸣得意的派头,郁达夫就难以服气。美什么呢?不就是多读了几年旧书嘛,在新式学堂里面,又有啥了不起的。不要看他们穿袍子穿马褂回乡时派头十足,可是穿制服就不行了,一个个哈腰驼背走路左摇右晃的,根本就不像样子。然而他们,他们居然脚下穿着皮鞋!郁达夫想起来便有点受不了,那秀才学生皮鞋的嗒嗒声,刺激了他的耳膜,更刺激了他的心灵:假若我也能穿一双皮鞋,洒在街上的嗒嗒声保险会比他们响得更轻快、入耳!我非要压服他们不可,让他们晓得,学习优秀升了两级的我,也能有这样的打扮。

主意拿定，郁达夫找到母亲：

"娘，给我买双皮鞋吧。"

陆氏一阵犯难。这位寡母，刚辛辛苦苦地东挪西借，给儿子凑足了几块大洋的学费和书本费，交给了学堂，手头已经一干二净，哪里有余钱呢。

"一双皮鞋，要多少钱？"陆氏问道。

"两块洋钱吧。"郁达夫并没想到母亲的艰难，一心惦记着闪亮发光脆响的皮鞋。

"两块大洋！"陆氏的喉咙像被扼住，她不忍心教孩子失望，何况又是个学习上极用功的孩子。但她又实在没钱。

"娘，求求你了，我就要一双皮鞋穿上，以后什么都不要了。"

苦着脸的母亲不再犹豫，拉着郁达夫就出了门。

1908年的富阳城里，皮鞋这东西绝对是稀罕物品，只有在洋广货店里才有卖的。陆氏带着儿子，进了一家较为熟识的洋货店。早有精明干练的小伙计满脸堆笑迎上前来："来啦，您买点什么？"一听说是要买皮鞋，小伙计喜上眉梢：卖出一双皮鞋也算是做成一笔像样的买卖，他怎么不乐？一乐，人也格外地和气，手脚也格外地勤快，说：

"小弟是洋学生啰，穿皮鞋再合适不过的。我们的鞋子保险让人满意,看,这可是从上海运来的,顶呱呱呢。来,穿上看看,怎么样?太大?换一双换一双,小店的鞋子尺码再全不过的。这双试试,哎,站好了。嘿,不大不小太合适了。就买这一双好了。"

陆氏强打笑颜:"噢,是这样子的,你看好不好?我呢,现在手上实在没钱,先赊欠一下,过两天一定还上。"

没等听完,伙计的脸就已经拉了下来,满面的春风立刻换作假笑和苦笑,舌头也不利索了,说:"这个,这个,这我可做不了主的,我去给你问问账房的先生。"伙计到后边找账房先生时,郁达夫心里很不舒服,从享受殷勤的招待到遭人白眼,这巨大的差别仅仅是十来分钟间发生的事情,他真有点承受不住,脸上别提有多难看。看看母亲,也是一副难受的样子。郁达夫深知她完全是因为爱儿子才来受这份罪,心底很觉对不起她。可是,那双乌黑锃亮的皮鞋,对年仅十三岁的郁达夫来说,诱惑力太大太大了,为此他咬紧牙关不发一声,盼望和母亲共同熬过这叫人尴尬的时候,然后就可以穿上心爱的皮鞋了。

"抱歉得很,抱歉得很啊。"账房先生一边大声说着一边从后边快步走过来,"敝店是小本经营,实在赊欠不来,你们还是到别处买吧。"

母子二人出了店门,奔第二家店而去。

在第二家店里、第三家店里,乃至第四家店里,他们的经历与第一家几乎没有区别。那些伙计、店员、学徒之类的人开始都很殷勤,有的还伸手摸摸郁达夫的头,表示从心底里喜欢这个"小弟",令郁达夫升起一股希望。可是陆氏"赊欠"二字一出口,事情准会马上变化,照例是笑脸变苦脸,欢声变语塞,伙计照例做不了主,照例得去请示账房先生,而账房先生无一不提高音量申明不能接受赊欠的要求。只不过,有的账房先生语气坚决中带上点蛮横,让人当场难堪;有的账房先生说话委婉却暗含着讥讽,让人出了门回过味来时,更觉得大受侮辱。

眼看快走到街尽头了,皮鞋终归没有到手。郁达夫陷入两难境地:买鞋当然好;但不买也好,省得受气。他看着母亲低声说:"怎么办?"

"街头有家兴隆号,咱们家和那里的老板认识,去看看再说。"陆氏虽没死心,可在兴隆号洋货店里,他们依旧被账房先生拒绝了。这回陆氏有点动气:"一双皮鞋,再贵,也不至赊欠不起吧。请你们老板来,我和他商量。"

账房先生垂下眼皮,用手指弹着衣襟上的灰,说:"老板出门,不在家。不过,老板就算在家,这事也难。因为皮鞋不是我们的,是上海一位老板在小店寄售的,人家如果知道我们赊钱卖鞋,说不定以后就不给我们供货了。"

陆氏无言转身朝家走去,郁达夫看见她脸已涨红,眼睛也有点红起来,他也不再说话,只是加快脚步,跟上母亲。

到了家里,陆氏吸着鼻子,噔噔噔地上了楼。过了好半天,她扛了一大包衣服,困难地走下楼。看着母亲要从后门出去,郁达夫才知道,她要去当铺当衣服,为自己买皮鞋。一阵心酸袭来,郁达夫再也忍受不住了,他哭着喊着追到后门,一把拖住母亲,拼了命地大喊:

"娘,娘!您别去啦!我不要了,我不要皮鞋穿了!那些店家,那些可恶的店家!"

"你莫管,阿官,娘可以给你买到皮鞋的。咱们不就是没有钱吗,娘有办法有志气。那帮家伙狗眼看人低,不赊不欠娘拿得出钱!"

听此郁达夫忙喊着:"不要!我不要了!"一下子跪在了地上,手却没有从母亲衣襟上松开。陆氏也控制不住了,呜呜地放声大哭。

母子二人惊天动地的哭叫声,早已惊动了街坊四邻。初时众人都以为是郁达夫惹母亲生气,待大家围拢来一打听,无不叹息,有人可怜小郁达夫,连双皮鞋也穿不起;有人感叹郁家今不如昔,为上学的儿子买鞋还得典当衣裳。于是人们你一嘴我一嘴地上前劝慰,谁知这样一来郁达夫和他母亲反而哭得愈加厉害。

"大伯伯来啦。"有人说。

来者是住郁家隔壁的一位老者。老者年高,颇受街坊们敬重,也常在城乡码头的茶肆酒店吃茶评理。大伯伯果然不是寻常之辈,问明事情缘由,马上便做出了权威性评判：

"阿官啊，你不该呀。你娘为了你读洋学堂是又挪又借的，你还让她为双皮鞋当了她的衣裳。去给你娘磕头，赔个不是。"在众人的附和声中，郁达夫趴在地上磕了两个响头。陆氏又要流泪，大伯伯开言："阿官娘也快别难过了。谁都知道你不容易啊，可你也得咬牙挺过这几年呀，你的福气在后边呢。看看你这三个儿子，读书一个强似一个，有哪家能比得上你们？把心放在肚里吧，将来一切都会好起来的。"陆氏这才平静下来。

当晚，翠花给郁达夫端来一碗汤圆。郁达夫只喝了两口汤，便什么也吃不下，皮鞋风波使他深受刺激。郁达夫觉得自己一下子变得老成起来。

第九章
乱世中的读书人

郁达夫读洋学堂读得很起劲,英文成绩十分出色,这一点引得班上那些同窗们妒恨,他们暗中加劲背英语,似乎非要与郁达夫一比高低。每天,郁达夫看到他们拿着背四书五经的架势,摇晃着上身默背单词,心里不由偷偷笑,这像个什么样呀。不过,郁达夫也不敢怠慢,学习上更加用功了。没想到的是,就在同窗们拼命攻外语的时候,中国发生了一桩大事,确切说是好几桩大事。那可真是风雨飘摇的多事之秋啊。先是传来一个令人震惊的消息,光绪皇帝死了;没几天又传来更惊人的消息,慈禧太后也死了。有的学生听到消息后,还失声痛哭:万岁爷呀,怎么好好的就驾崩了啊,呜呜呜……真的是一把鼻涕一把泪。郁达夫小小年纪听到一个个惊天动地的消息,心里本能地有点不安,可是当他冷眼旁观那些人呼天抢地的模样,又觉得有些好笑。

举国上下都在服"国丧",小小的富阳城也不例外。凡是红、粉、金彩颜色的东西全不见了,转眼间满城被打扮得一片素淡,白、蓝、黑色铺天盖地,代替了一切喜庆的色调。街头显眼处贴着官府奉命公布的"哀诏",总有一大群人围着，总有一个识文断字的人在前头高声朗读给那些不认字的百姓们听，大家这才知道，继承光绪皇位的新皇上溥仪已经正式登上皇帝的宝座，过了年，清朝政府的年号就要改成宣统啦。人们来去匆匆，没有表情的脸上还是透出一点点紧张的神色。郁达夫很快就听说，新即位的皇上不过才三岁。

出入县衙门的官员们、居住深宅大院的有地位的贵人们，显得比别人悲痛得多。看着这些出出进进来来往往的富阳城的有头有脸的人物，郁达夫还是敏感地觉察出，这帮人明面上是在哀悼"先帝爷"，哀悼"太后老佛爷"，可暗中还有一层意思要向世人表明：他们绝不是一般人，而是和皇家有着特殊关系的朝廷命官、名流绅士。咦，他们在炫耀自己的身份呢，郁达夫心想。

郁达夫特别喜欢接近学堂里的几位年轻教员。他觉得听他们谈话长知识开眼界，可以知道好些现实生活中的重要事情，而这些在书本上是没有的。跟他们接近，每次都能感到一阵清新的气息扑面而来。

"这个国家越来越不像个样子了，到处闹灾荒，到处是难民，官府不去救济，反倒征税征得更狠。"

"是啊，这年头不但种田的要交税、做工的要交税，连老百姓的一篮菜、一捆柴、一挑粪、一只鸡、几个鸡蛋都要交捐上税，简直不让人活了。"

"这有什么新鲜！有的地方连结婚也定税，明明是抢劫嘛。"

"现在饥民抢米的事情越来越多啦,怎么得了。"

富阳是当时全国物产最富饶的地区之一,即便在灾荒年也很少有大的动荡,要不是听教员们谈话,郁达夫还真不知道天下已经乱到这个程度。他很想多听听,可教员们见他靠近时,就都不说话了,要么就转了话题。郁达夫只好和教员们保持一定距离,竖起耳朵听点断断续续的声音:"……孙文……进化论……爱国排满……民权……土地国有……"

郁达夫最喜欢李先生,他是教国文的,嗓门也特别大,听他说话最省力气,而他的确也很爽快。有一天,李先生拿了张报纸,指着上头印的一位青年军官的半身肖像对郁达夫等几个学生说:

"你们看,这是一位革命义士,名叫熊成基。两年前他率领新军马炮营一千多人在安庆起义,后因势孤力弱,起义失败。这位义士逃亡日本,回国后不幸在哈尔滨被捕。临刑时,他还高声宣传革命的宗旨。是谁杀害了这位壮士?就是那伙清朝的狗官和汉奸卖国奴。同学们,为了国家,为了民族,为了革命,我们要努力用功啊!"

郁达夫他们听了,热血奔涌。郁达夫隐约地感觉到,他的学习,不光是为了自己和家人,与国家、民族都有着联系。这联系是怎样的呢?郁达夫说不清楚,但他相信是有的,因为他特别信任李先生。然而学堂有位孟老先生却不这么认为，他常在课堂上讲：

"你们父母把辛辛苦苦赚的钱拿出来，供你们读书，是为什么呢？还不是为了光宗耀祖，以显父母吗？若要人前显富，就得人后受苦。受什么苦？十年寒窗的苦。只有苦读诗书学得满腹经纶，日后方能够科场得意，平步青云，于官场宦海中功成名就。读书嘛，是再好不过的事情。"孟先生说完，还爱诵诗一首作为结束语：

  天子重英豪，文章教尔曹。
  万般皆下品，唯有读书高。

有同学说："李先生也要我们发奋读书，可他告诉我们念书是为了……"

"乱党！"孟老先生马上就发火了，"这是乱党的言论，万万不可听信的。"

同学们的话被压制下去，但大部分学生已经听不进孟先生的那一套老调子了。郁达夫就是其中之一，但他并不清楚自己应该怎样做，才能算是按照李先生的意思做。课堂外，他与几个要好的同学聊天，有心请教这个问题。

"古人说，要想做成大事，须读万卷书，行万里路。我们年年躲在小小的富阳城里，要到哪天才能做成事情？"郁达夫问。

"读书行路当然都很重要，不过老弟别太心急了。我问你,读书可曾破了万卷?"

郁达夫摇摇头。

"没有吧。那么《庄子》《离骚》《史记》《杜诗》《水浒传》《西厢记》都读过吗?"

"只读了《庄子》《离骚》《杜诗》。"

"好嘛,金圣叹定的'六才子书'才读了一半就想着闯荡江湖干大事业。老弟,先多看点书吧。"

尽管说话的人也没有通读"六才子书",郁达夫却是极为认真的。他听信同学的说法,回家后真就找来一捧书踏踏实实地看。这一看,郁达夫便着了迷,不单看了许多史书和古典小说、诗词、剧,还看了大量古人的笔记文章,知识量骤然增长,他深深地被那些古典文学精品吸引了。

第十章
三月富春城下路

学堂的自修室里,被众人誉为国家新栋梁的洋学生们正嘻嘻哈哈乱成一团。他们操着刚学会的英文,用不标准的发音相互笑骂。

"先生来啦!"有人提醒道。众学生马上停止了嬉闹,重新坐好,摆出一副刻苦的样子。

来者是孟老先生。自从李先生离开了学校(有人说他去了湖北参加"乱党"),孟老先生便更多地到郁达夫这个班里来巡视。不过这时候他即使想为"朝廷"做点什么事,也提不起劲头来了,因为大清帝国摇摇欲坠的局势,几乎人人都能看出来。眼下孟先生只剩下一肚子的不痛快了,对什么都看不顺眼。他瞥见学生们在当教科书用的《十三经注疏》《御批通鉴辑览》的黄封面上,用钢笔写着以英文拼的名字,心里老大不高兴:

"哼,中国话还没学好呢,就想学外国话。"

孟先生明知英文是学校制定的正规学习科目,可他因内心的不满,故意借此来发泄发泄胸中的积怨。其实他对西洋文化、西洋文明并没多么恨,比如他的侄子就在杭州的一所教会中学做事,他也没有引以为耻。此刻,孟先生主要是想起那个有"乱党"思想的李先生,才故意到这个班来挑挑毛病,消除消除李先生留下的"有毒"影响。

"许佩琦。"

许佩琦乖乖站起。

"你瞧你写的字,什么玩意儿!"孟先生指着许佩琦写得歪歪斜斜的用英文拼成的名字,"都已经是做父亲的人了,日后孩子长大,你怎么给他看你的字?"

"先生,学生使惯了毛笔,这自来水笔,我实在是有点掌握不住。"许佩琦说的是真话。班里年龄大的学生,都用不好钢笔,他们连执笔方法都不会,仍像使毛笔那样捏着笔管竖着写字。

"自来水笔用不来,那就还用毛笔。"孟先生今天好像特别不顺心,到处找碴,"还有你,看看,怎么写的!还有你,还有你,你,你。"

他走到郁达夫跟前,刚要说"还有你",忽然看见那书皮上的英文字写得很熟练很漂亮,一下子语塞了。

"嗯嗯,你们至少,也得跟荫生学学嘛。人家书念得好,诗写得好,连自来水笔也使得来。有志不在年高,瞧瞧他什么岁数,你们什么岁数。"

孟先生自我解嘲般地嘟哝着走了。他最后的几句话,却着实地让郁达夫心中紧张。他生怕说者无心而听者有意,惹恼了众同学,大家要是因此而嫉恨自己,那可就要命了。这一年来,郁达夫越来越敏感。有点风声雨声,都会令他心悸或是感伤。由于在班里他是年龄最小的,所以大家都不是太在乎他的存在,而郁达夫自己,也从来就习惯于孤独。他讨厌甚至有些憎恨有钱人和他们的子弟,可他同时也因自己有一个清寒贫穷的家庭感到自卑。凡遇上什么事情，郁达夫都本能地胆怯、畏缩。在生人、众人面前，他都格外害羞，以致连话都说不利索，更不要说在女孩子跟前说话了。当时中国还很封建落后，学堂不收女生。

没有女生，班上的同学似乎可以更没有忌讳地谈论男女间的问题。比如这会儿，孟老先生刚一转身出去，学生们便开始交头接耳地密语起来，并不时发出压抑着的哄笑声。

发现班里没有人生他的气，郁达夫方才安下心。随即，他又被一种异常强烈的自卑情绪笼罩。同学们私下交谈时，不断有人把目光洒射过来。可是，郁达夫知道这目光不是给他的，大家都在有意无意地看他右手边的同桌阿春。同学们的目光有的是企盼，有的是欣羡，有的则是带点嫉妒。原因之一是阿春是一位英俊少年，而且很喜欢结交朋友；二是阿春家在富阳城中有财富有名望有地位，连县太爷见了阿春的父亲赵老先生，都要谦恭地自称"晚生""学生"；三是阿春有几个长得非常貌美的姐妹，是富阳城里公认的美人。加上赵家离学堂不远，班上同学几乎个个都喜欢去赵家玩，以便乘机接近赵氏姐妹，赵春自然少不了被同学们纠缠。

"荫生，放学后到我家聚一聚吧。"

猛地听到阿春发出邀请，郁达夫不知该怎么回答，只是笨拙地点点头"嗯"了一声，随后自卑感、屈辱感以至委屈感交替着袭上心头。

"是嘛，阿春虽只比我大一岁，可人家成熟得多。平素受同学们拥戴自不必说，富阳城里有钱人家的漂亮女孩，有哪个不乐意同他交往？论起交际来，阿春可真是个天之骄子。阿春不光在学堂内能博得众人欣羡，就是在县城里都是数得上的风光人物。也难怪，阿春本来就很善于与人打交道，哪里像我这个样子，论模样长得实在是平庸不过了，论财富更没有。"

郁达夫有点后悔答应阿春去玩，觉得以自己的情况，不去还有点面子，去了赵家，自家的贫寒和人家的阔绰一相对照，就是自取其辱了。假如再受到哪个人的白眼，那简直就叫人别活了。

放学后，郁达夫揣了一肚子的懊悔朝学堂外走去。忽听两个同学用英语说："我看见她了。""你说的是那个天使？""是的，她在读书。"这事想想也挺奇怪，平时不好意思说出口的话，改用外语讲，也就不感到那么难为情了。

没错，他们说的就是她。她叫莲仙，赵氏姐妹中郁达夫对她最为动心，不光是莲仙的容貌姣好，也不光是莲仙受过良好的教育，重要的是，莲仙是阿春的堂妹，她的父亲早已过世，她与寡母和一个女仆住在另外一套大宅院里。她不像阿春和赵家的其他姐妹那么盛气凌人，倒多了点温顺、文静。郁达夫心想，如果不去赵家，又怎么能和莲仙相识呢？虽说她家距学堂不远，可就是再近，隔着一道墙，也只能像刚才那两个同学一样，天天上下学路过时，朝里头小楼的窗子处张望几眼。

来至赵家门外，郁达夫停下脚步僵立了好半天，进退两难。"我这是干什么来啦？"郁达夫扪心自问："找女孩子交朋友，要成天地和她们混在一块儿吗？这可是读书人的大耻，顶没出息的行为。回家吧，还来得及！"突然郁达夫猛醒过来，没命地逃走了。只是他分明觉得，赵家的大门楼像个魔鬼一样，嘲笑地望着自己的背影。

阿春热情邀请郁达夫不止一次了，郁达夫也不止一次地来到赵家门前，但最后都是强压住内心的向往，以一种自己也说不明白的道德感，像躲避犯罪般地逃开。每回，他都要双重地责备自己：不该那样没出息，怀着难以启齿的目的去同学家；也不该这样缺乏诚意，答应阿春可又没去，言而无信！无论如何，郁达夫明白一点，就是他心里无法不惦念莲仙那个女孩。他骂自己无耻，骂自己肮脏，可是每次从莲仙家的墙外走过，他都克制不住地朝墙内张望几眼，事后就是再加重自责，也没有用。直到听人说"她和她母亲又去上海了，不知道什么时候回来"时，郁达夫如释重负地吐出口气：这下不用犯罪似的看人家的小楼了。但紧跟着，他又开始担心：莲仙这一走，该不会从此就住到上海，不回来了吧？郁达夫又陷入忧虑当中。

郁达夫的心事，终于被一个叫阿欢的同学看出来了。一个星期六的下午，放学以后，阿欢轻轻拉住郁达夫的手说："今天下午赵家的那个小丫头，要上倩儿家去，你愿不愿意和我同去？"

倩儿是阿欢邻居家的女孩。

"我，我还是……"郁达夫突然被人看出了心事，立时涨红了脸,急促地喘着气,嗫嚅着说不出一句完整的话来。他没有公开心事的精神准备,所以不愿承认挂念莲仙,可又不会撒谎。

"算了吧你,你那点心思我早有觉察。大家是朋友,何必掩饰?"

这一下郁达夫更紧张了,一个劲地摇头表示他不愿意去,同时眼泪汪汪地像是要哭出来似的。可是他内心的隐情哪里瞒得过同学阿欢:"你哭也没用的。"下了课,他硬是把郁达夫拖到了倩儿家。

在门口,郁达夫又与阿欢发生了一番争执:"不去就是不去,你这算什么。"经他一声大喊,院门打开,从里头跑出来三个欢声笑语的女孩子,是倩儿姐妹和莲仙。见此郁达夫也没了办法,只好低着头红着脸,跟着大家到了屋里。阿欢便把他是怎样拖着郁达夫来到这里的经过,用一种夸张滑稽的声调描述了一遍,逗得三个女孩不住大笑。郁达夫不由有些生气,他以为她们是在侮辱他,又是羞愧又是愤怒,真想脚一跺跑出门去。可是奇怪,他觉得两只脚软软地落在地上,并不听他的指挥。

"不要光顾说笑了,我来介绍一下。哼,还用介绍吗?他是我们学堂个子最矮、年龄最小但学习最好的学生,姓郁名文,字达夫。"阿欢道。

"知道知道的,满舟弄郁家三少爷荫生嘛。"莲仙说。

"怎么,你知道我?"郁达夫心中惊喜。

"你写得好诗文,富阳城里谁不晓得呀。"倩儿说,"你可是秀才堆里的秀才郎哩。"

原来清朝末年，清政府大力推行洋务运动，在首都北京和各省省会成立大学堂，在道府一级成立中学堂，在县一级办小学堂，同时，过去在州县举行的乡试（考秀才）也废除了。因此人们觉得小学毕业了就自然成了秀才，甚至比秀才还高出一等，因为在学堂学的文化课程比过去的秀才多，特别是学外文日后还能"吃洋饭"，所以当时小学堂的学生在人们心目中的地位还是蛮高的。

听到两句并不算过分的赞扬，郁达夫心里稍稍有点舒服。尤其见莲仙她们对自己的情况十分了解，他不觉间精神有点振奋，来时那份局促也减少了三分。

客房里，阿欢与三个女孩玩牌，郁达夫坐在一旁观看，那想逃跑的心早就没了影。牌打完了，天色已晚，大家又在一起吃夜饭。郁达夫已经和莲仙她们有说有笑起来。该是告别的时候了，倩儿的母亲把一个男用人唤来："你去点只灯笼过来。"随后又对郁达夫说：

"就拜托你啦荫生，送莲仙回家好吗？"郁达夫愉快地接受了任务。黑夜，男仆手提灯笼给他们照路，光影带了淡淡的彩晕摇曳不停。郁达夫和莲仙一路说笑很快便到了赵家大门。要分手了，莲仙忽然提出：

"你什么时候来找我玩？"

"我说不好，还是你说吧。"

"四、五、六，三天以后就是礼拜天，你们不上课，到时候我在这门外等你。"

"好，一言为定！"

三天后，郁达夫准时来到莲仙家门口，几乎在同时，莲仙也推门出来。她穿了件白色暗花绸上衣,两只略微宽大的袖子半长不短,露出小半截小臂来,显得人很利落,下边的淡藕荷色百褶裙也很大方。只有垂于腰间那不粗不细的辫子上,用桃红色缎带扎的蝴蝶结鲜亮鲜亮,与全身淡雅的装束形成明显对照。好漂亮,郁达夫心说。他注意到莲仙衣装的镶边,与她的裙子是同一颜色,显然是整套的服装:

"你这身衣服真好看,还没看见有谁穿过。"

"这是我跟妈妈在上海买的。"

莲仙差不多每年都要到在上海做买卖的叔叔那里去几回,这本是郁达夫知道的,但他听了莲仙的话还是感到别扭,心想:"不是吗,人家是阔小姐,家中有钱有势,在上海还有商号开设。我不过一个穷酸学生,大好光阴不在家里读书,跑出来闲逛,是要高攀吗?"郁达夫的敏感症还没完全发作,忽听莲仙开口说:

"你在想什么呢?"

"没,没想什么。"郁达夫回过神来,发现还从未把莲仙看得这般清楚。她长得白白的,瓜子脸上有一双纯真无邪的眼睛,虽然梳起了刘海儿,有意打扮成少女型,可还是不像大姑娘,依旧带副孩子样。

"快看呐荫生,柳絮飘飘,像下雪一样的。"

郁达夫抬眼,前边这条路原是他天天走的,今天怎么变得这般美。哦,正值浓春将过的时节,这边柳树成排,千万根柳条柔软地垂下,和煦的春风时紧时慢,柳枝也忽高忽低,摇动不休。柳树下,间杂栽种着五颜六色的鲜花，花朵开得正盛，一派争奇斗艳的景象。对面不远处，学宫的红墙在春天中显得更有生气，郁达夫知道红墙里边，是学宫的水池，而池边的大树，已经把枝叶垂到墙外，红绿相配，分外招人眼。站在这条沿江的美丽的街道上，不用看，就能感到城脚下那条宽阔的江水也充满了浓浓的春意。要不然，它怎么能把清新无比的江风阵阵送来？

两人走在石砌的路上，不时伸手捕捉那些迎面飞舞的柳絮。春日的阳光洒下，亮得有些刺目，他们真觉得像是在梦里游玩。郁达夫顺口背了一首唐诗：

草木知春不久归，百般红紫斗芳菲。
杨花榆荚无才思，惟解漫天作雪飞。

"花儿们知道春天不久就要消失，所以尽情地展现它们的颜色。而杨柳的白絮没有一点才华，只知道像雪花一样漫天飞舞。"莲仙解释着。

"古人也不全对。其实，柳絮飘舞得这么轻柔，不也很曼妙美丽吗？"

"还是你们好，能到学堂念书，就是有见识，说话做事都和平常人不一样。像我们女孩子，没有一点机会。"

"光靠在学堂念书怎么行？我对课本并不很钻研的，倒是平日看了好多书，更有帮助呢。"郁达夫安慰莲仙，但他并没说假话。

"人家都说你聪明，早早地就开窍。怪不得你的功课那样好，还能作诗。"

"不是的不是的，我就是看书多。我看的书很杂，多看书勤动笔，当然就会有进步嘛。"

"那，荫生，你愿意为我写诗吗？"

"愿意，愿意的。我要把诗练好，以后为你写好多诗篇。不过，写不好时我是不会给你看的。"

"好呀，那我就等着啦。"

他们分手在这充满诗情画意的江城之路，各自像饮下了一杯甘醇的美酒，心头留下永不磨灭的甜甜的记忆。整整十年以后，郁达夫作诗叙述他的生平，其中一首便记录了这一天的情形。

左家娇女字莲仙，累我闲情赋百篇。
三月富春城下路，杨花如雪雪如烟。

"左家那个可爱的女孩名叫莲仙，我写下了上百首诗寄寓对她的情思。在阳春三月的富春街上哟，柳絮似雪花般纷飞，'雪花'又像烟雾一样飘荡。"

只不知，诗人把莲仙改为"左"姓，是有意还是无意？

江城那杨花曼舞的春之路，虽为郁达夫带来无比美妙的记忆，但他后来很少去见莲仙。因为郁达夫无论如何也不敢因交友而松懈了学业。

第十一章

水一样的月光

虽与莲仙已相识,但是,郁达夫没有沉溺在约朋会友的社交当中,去学着赵春的样子,做一个众人拥戴艳羡的人。他时刻把刻苦学习增长知识当作自己——一个读书人的首要任务,始终没有像别人那样频繁聚会、喝酒打牌。

郁达夫把精力投入紧张的学习生活中,一方面是由于他生性胆小,不愿经常到赵家去;另一方面是因为毕业考试临近,他要保证学业上日日精进。

转眼寒冬又过,郁达夫以优秀的成绩顺利地通过了毕业考试。

那是春节后不久,农历正月十三傍晚,学堂大厅里摆了五桌酒席,举办为毕业生送别的宴会。正月,北方还属于天寒地冻的天气,而南方却已经名副其实地暖和起来了。而正月十三这一天,又显得格外暖和。小学堂的毕业生在地方上十分受重视,在白天举行的毕业典礼上,县太爷还亲临会场讲话祝贺。在晚间的宴会上,学堂堂长亲率有关老师,与毕业生们共进晚餐。当晚月光很好,又值暖意融融的初春,富阳城内家家户户张灯结彩,而鞭炮声更是时远时近,时密时疏,人们在庆祝新年佳节呢。

在举杯动筷之前，少不了学堂堂长一番致辞，接着是发奖。奖品基本是文房四宝类的学习用品，有笔也有墨，也有的毕业生得到一个铜制的小墨盒。"郁文——领奖。"一位先生在堂长身边高声宣布。郁达夫迈步上前，因他个头最小，所以排在领奖人的最后。他万没想到，发给他的奖品是平日喜欢的诗人吴梅村的诗集。

"这诗集，你可喜欢？"堂长笑眯眯地。

"喜欢，太喜欢了，谢谢堂长，谢谢先生。"郁达夫高兴地鞠躬。

"难得难得，你为什么喜欢吴梅村，说说看。"发奖品的先生出于职业习惯，闲聊也是启发式地问道。

"学生的诗写得虽然不好，但自家觉得，还是受吴梅村的影响最大。"郁达夫只说出了一半实情，他爱吴梅村的诗还有一个简单而幼稚的原因，即他姓郁，而吴梅村的夫人也姓郁，他对吴梅村便自然而然地产生出好感来。到底，郁达夫还是个孩子。郁达夫回到座位上，师生举杯共庆。酒过三巡，堂长又站起，双手向下压了压，席间顷刻安静。堂长微笑地环视了一下，说：

"今天是个喜庆的日子，春节刚过，元宵未至，我们又在此欢聚，庆贺学生们学业有成，双喜临门啊。在座的每一个学生都取得了良好的成绩，以后还要各赴前程，我预祝你们宏图大展，一帆风顺。我要特别提醒你们，千万不可自满自足，还须百尺竿头更进一步，努力去做国家之栋梁、民族之希望。在你们中间，我格外要说说郁文这个学生。别看他少小聪明，人家也确是好学之典范。人，就是要有这种上进心。你们中间郁文最小，家里也很清贫，我知道他们家有时连锅都揭不开，可他偏是争气得很。这才是'天将降大任于斯人也，必先苦其心志，劳其筋骨，饿其体肤，空乏其身'嘛。望同学们不可因安逸而放弃努力。我提议，为大家不可限量的前途，干杯。干！"

师生们附和着，七嘴八舌地说"干""干""干"。随后一片笑声中，又恢复了闲谈。郁达夫已经被人劝说着喝了几杯，头有点晕，懒得说话，只听别人讲话。忽有人问他："赴杭州应考中学的事你已经定了？""嗯。"他点点头。"何日启程？""明天。""怎么这么着急，时间还早。""我娘说了，诸事赶早不赶晚。再说我也想提前赶到杭州，好好游游西湖。"那同学又扭头问赵春：

"阿春，你作何打算？"

"不知道不知道，还没定呢。父亲要我继续念书，可我娘舅的意思是想让我从军，说天下正乱，是武人展现才华的时候。我娘一听我要离家，嘿嘿，眼圈就红。"

"你呢，你是啥想法？"

"我啊，不想念书也不想参军，都没多大意思。我想到上海找我父亲去，混个事做，不论在官税局混个差事，还是到洋行当个小帮办，薪水都是极丰厚的。嘻，上海那个地方你不知道，简直是个销金窟哇。"

"阿春，你行啊。"另一人说，"凭你的精明，去上海做事情保险能成。"

"算了吧，父亲还没同意呢，他呀……"

在一旁听了会儿同学闲聊，郁达夫觉得没意思，便站起身离开，谁也没注意到他。

郁达夫步出校门，但见月光皎洁遍地银光，走起夜路分外省力。他的心情十分愉悦，加之喝了些酒，胸中的欢畅无法抑制。他想回家，两脚却不听使唤地朝赵家走去。在赵家门前，郁达夫没有进正门，而是进了一个旁门。这是一处很大很大的宅院。莲仙的父亲是兄长，赵春的父亲是弟弟，二人各把这宅院分得一半住着，只留下正门正厅作为家族庆典、祭祀用。自从莲仙父亲去世，莲仙娘只雇一女仆与莲仙生活，前头的房子已经不用，都退缩到后院，于是便在院墙的东南角开了个侧门，进出更为方便。郁达夫认识莲仙以后，也极少从正门进入，他厌烦赵春的两个亲姐妹，她们带着一种阔小姐的优越感，不管见了谁开玩笑都没个深浅。郁达夫觉得在她们跟前自卑感太重，不想去讨难堪。由此，他愈加感到莲仙是个通情达理、与人为善的好女孩。

进了旁门没几步就来到后院。现在他身后是飞檐翘角的大厅堂，郁达夫曾在白天看见过，那大堂很有气魄，连柱子都比一般的柱子粗大。厅正中摆放着梨木雕花的大供案，平日上边陈设有青花瓷瓶和西洋自鸣钟之类的摆设，因久不使用,有薄薄的一层灰土。厅极大,普通大厅在供案两厢只能各放一溜椅子,而这里却各摆放了两溜,那些椅子也全是靠背上镶嵌着黑白花纹大理石的硬木太师椅。郁达夫不喜欢这厅堂,嫌它过于庄重,像个板着面孔的道学先生,而眼下又是黑天,那大厅显出高大乌黑的身形,活似个巨兽。郁达夫急步迈过把前后院分隔起来的一道粉墙,面前立刻呈现出繁茂的花草树木,这才吐出口气。顺着六角花砖铺砌的小路,郁达夫绕过花坛和太湖石堆的小假山,继续前行。一阵甜丝丝的香气扑来,郁达夫不由深深吸了两口。定是院角那几株梅树开花了!他知晓,这院里边有几株梅树,而且都是老树,枝干表面已是疙疙瘩瘩,与老人手臂盘结的青筋相似,奇怪的是梅树虽老,每到春天却必会结出很多花骨朵,一旦花朵绽开,香气袭人,可顺着轻风传到远处。这会儿,莲仙的花瓶里也会插着梅花吧,他想。

寻找半天,不见人影,郁达夫正进退两难时,忽然发现花厅里灯光闪烁,便赶了过去。那花厅本是会见客人和亲朋的地方,因莲仙父亲早丧,家里来往的人少,便改为自家休息活动的场所。花厅也很精致,四面全是雕花窗门,柱子间不用砖墙,一律以玲珑精巧的雕花木板代替,每扇板上都装着玻璃,白天随着天气晴阴的变化,室内也会现出不同的色调气氛,很有情趣。而花厅前后都有宽敞的廊子,廊前几根细细的柱子,笔直笔直,风格小巧,连柱脚石都是精心雕刻成的瓜瓣形状。郁达夫从不羡慕有钱人家的阔绰，却很欣赏这个花厅。

无声地推开厅门，郁达夫看到莲仙果然在里边。她正伏在桌子边专心地练习写字，一盏明灯在旁边亮着，桌上那只清代雍正年间烧制的鹅黄色胆瓶里，果然插了几枝梅花。郁达夫见了不禁一乐，抬脚迈入花厅。

听到脚步声，莲仙头也不回，只轻轻问了一声："是谁？"郁达夫故意不回答，蹑手蹑脚地走到她背后，噗地一下把灯儿吹灭。月光犹如银色的潮水，立时浸满了花厅。"哎呀！"莲仙高叫起来，连忙扭过头。趁着月光，郁达夫看见，她的脸有如大理石雕刻一般，那样的圣洁，她的一双眼睛，似黑色的水晶石，莹澈无比。两个人一个站着一个坐着，相互凝视，夜空不时传来零星的爆竹声。好一会儿，郁达夫才张口：

"你娘不在家吗？"

"和阿香出去买元宵节用的东西了。"阿香是她们的女仆。

"今天白天，学堂给我们发了毕业证书。刚才，堂长还奖了我吴梅村的诗集，你要看吗？"

"你，喝酒了？"莲仙反问。

"是的，是在学堂里喝的。"

"明天你就要上杭州去考中学吗？"

"是的，明天早上坐快班船去。"

两个人又沉默了。不知过了多长时间，莲仙轻轻叹了口气。郁达夫忙说："我还会回来的，学校也有假期。"

莲仙缓缓地摇摇头："没什么，我是羡慕你们，可以到外乡念书，见好大的世面。"

"你也一样，不是年年都要到上海去吗？"郁达夫劝道。

"总归不一样，不一样啊。"

郁达夫怕她伤心，便把话岔开，说："来时，我就想，莲仙案头的胆瓶里一准插着梅花，你看我没猜错吧。"

莲仙没吱声，只是注视着花瓶。

"哦，你知道这东西为什么叫胆瓶吗？因为它的脖颈又细又长，下边的肚子又圆又大，就好像被悬吊着的苦胆的形状。书上常把貌美女子的鼻子，形容成'鼻若悬胆'。呶，你的鼻子，就好似悬胆咧。"郁达夫说。

任郁达夫怎么说，莲仙全然不理，好像她根本听不见似的。郁达夫正没办法，就听她说："我们还是赏月吧。"二人又披着月光，相对无言地坐了好一会儿。就在郁达夫感到该说点什么的时候，外边传来说话声，是莲仙母亲和女仆阿香朝这边走来。莲仙急忙站起身"嚓"的一声划着火柴，重新把灯点上，郁达夫忽地发现，她的眼睛有点湿润。可他来不及细问，莲仙娘就已经大声打着招呼进了花厅：

"是荫生来啦，祝贺你啊，学堂毕业。以后打算怎么办呢？还是要念书对吧，你们郁家人是不可以不念书的，不像我们那个阿春，成天嚷嚷着要去上海学做生意，恨不得立刻就端个洋饭碗。"

"是的伯母，我要去杭州考中学，明天就走了。"

"干吗那么急？"莲仙娘一边指挥阿香把买来过节用的蜡烛供品等放好，一边说，"过了元宵节再走也不迟。去过杭州吗？"

"没有。"

"那——"这次是母女俩同时说出声的。莲仙瞥了母亲一眼，不再说。母亲又道："那这一路上就不好办呢，连水路带陆路要走二百来里地，你小小年纪又人生地不熟，可赶得了路吗？"

"有人做伴的，是我家一门远房亲戚的朋友。他是个老秀才，过去杭州三年一次的府试，他回回都要去的，这一路他极熟的。"郁达夫实际上是说给莲仙听的。

"那就好，那就好。"莲仙娘曼声应着忙她手里的事。

郁达夫见状，站起来告辞。莲仙娘也不多留，客气了两句便叫莲仙替她送客，郁达夫连忙谢绝了。莲仙有心事，也没坚持。

月色还是那样的好，但天气已很凉。这时郁达夫头脑也清醒了许多。鞭炮声基本上听不到了，只偶尔从极远的地方传来一声半声，十分微弱。郁达夫在柳枝扶疏的影子下，披着月光朝家走。他边走边回味着刚才的情形，觉得和莲仙在月光下相对无言的那一幕,却仿佛已经是许久以前发生的事了。郁达夫的心底,漾出了一丝极淡极淡如同水一样的春愁。

第十二章

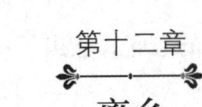

离乡

从富阳到杭州,其实水路不过 100 里,陆路仅 90 里。这点路程在当时既无汽车又无轮船的条件下,无疑也称得上是出远门了。那年月,在乡间人们心目中,去杭州就是要到远得不能再远的地方,和去新疆的伊犁并无两样。因此,无论谁赴杭州之前,其家人必得要供一次祖宗,虔诚地祷告,为即将远足的游子祈祝平安,请求祖宗在天之灵一路上保佑他们的子孙。临出发时,邻里亲戚们也总要赶到泊船的码头,为出门人送行。早先由富阳发出通往杭州的客船,只有夜间一班船,众亲友吃过夜饭,便提了灯笼把游子送到码头,大家沿江列成一排,齐声叫着"顺风,顺风",直到船发才各回各家。

待到郁达夫出门这年,富阳发往杭州的航船,已增加为早、夜各一班,这也算是不小的进步了。当然,郁达夫是不相信出门拜祖祈祷平安这一套迷信做法的,可是家里人却免不了要行这仪式,对于她们来讲,这实在是太重要了。自打郁达夫决定去杭州考中学那天起,全家人就陷入一种极度悲伤与不安的情绪当中。沉甸甸的气氛,压得每个人都难以喘息。老祖母一听说她最小的孙孙也要出远门

念书,日日愁眉不展,说:

"说走,阿官真就走了。全都走了,唉,唉。"

她叹息着,除了反复念叨这两句叫人听不太清的话,就不再说什么了。连日来老人家饭都吃得很少,瘪着嘴喝几口稀粥便放下筷子。不一会儿,她的房间就传出喃喃的诵经声和"笃笃笃"的木鱼声,老人更加投入地念经,借此来减轻爱孙远游给她带来的忧伤。

"阿官,你过来。"

母亲为郁达夫收拾好所有出门用的东西后,把小儿子唤到跟前,说:

"你大哥现在在日本留学,你二哥也进了杭州的陆军小学堂,连年假也不放。如今,你又要去杭州……"

郁达夫心里明白,他这一走,家里就剩下祖母、母亲和翠花三个女人了,虽说他在家时还得被别人照顾,但按旧时代的习俗,家中总还有个男人在,全家人多少还有点主心骨。一旦只剩下女人们在家里,那么原本艰难的日子就会更艰难,起码人们心里的压力会更大。郁达夫不知该如何劝慰母亲,只轻声说道:

"娘,把心放宽点。"

"放心?娘不担心别的,以你的成绩,在杭州考中学不成问题,娘是担心你。"这个"你"字陆氏说得格外重,"你从没离开过我的身边,以后,万事都要自己操心,可要学会照顾自己呀。"

"我懂得,娘你自己也要保重。"

"你懂就好。记住,一定要发奋努力,把书念好了,将来混个一官半职,给咱们郁家增光,你那九泉之下的父亲也能合上眼了。"

母亲的这桩心事郁达夫早就清楚,她之所以多年来吃苦耐劳维持着一份衰败的家业,苟延残喘却从不灰心,就是有这股心气儿在支撑着她的精神。无论如何,母亲的这份希望是不能违背的。郁达夫深深地点头,说:

"孩儿记住了。"

次日清晨,一家人早早起床,生火做饭。与郁达夫同行的老秀才也来了,陆氏殷勤地请他上桌吃饭,翠花更是添汤添菜地悉心照应。她们的意思很明显,无非希望他一路上能对郁达夫多加关照。老秀才也自知这家人有求于他,因此也不多客套,坦然地接受一切款待。饭毕,老秀才轻轻地打出两个浅嗝,大包大揽道:

"嫂夫人尽可把心放到肚子里,富阳到杭州这条路我不知跑了多少回了,闭了眼也不会出差错,三少爷跟我出门绝不会受半点委屈。"

"哎呀刘先生,那可就让你多多费心啦。"

"好说,好说。"刘先生面露得意,把郁达夫叫过来,带他来到正中的堂屋,指了指上头供的牌位说,"给祖宗上香。"郁达夫看了一眼和他一样瘦弱却比他高出快一头的刘先生,觉得刘老秀才长得就跟插蜡烛的铜蜡扦子差不多。待郁达夫把燃着的香插入香炉之后,刘先生又说:"给祖宗行跪拜之礼。一叩首,再叩首,三叩首。"

郁达夫照着拜完,正想给祖母、母亲行礼,刘先生又开口了:"给你祖母、你娘也行个礼。"他心中微微起了厌烦,怎么我们家的事倒让这个大蜡扦来管!但他还是向二位老人深深作了三个长揖。"天地良心,这可是我自己诚心诚意给祖母给我娘行的礼啊。"郁达夫心中念叨着。不过郁达夫内心还是感谢刘先生的:人家与咱并不熟识,答应一路上照顾我,确实难得,只不过刘先生在我家里那副指手画脚的做派,让人不舒服。

虽是白天,可照风俗习惯家里人依旧点燃了灯笼。白色的灯笼纸上,醒目地写有"仁寿堂郁"的字样,一看便知道这还是郁家家道殷实的时候留下来的东西。郁达夫看见此灯,忽地想到他已好久没有想到父亲了。虽然父亲的形象在他脑中已没什么印象,有,也是听祖母听母亲说的,可他还是感慨得鼻腔发酸,再次意识到,此番离乡求学,也正是去实现父亲对他的期望,于是一种使命感油然而生。恰在此时,刘先生从供案上拔起三根香,连同灯笼一起捏在手里,说:

"出行喽!"

郁达夫不再反感刘先生,反倒觉得他所做的这些仪式性的事情,多少有点神圣的意味。郁达夫带上母亲头天为他准备的东西,像所有出远门的人一样,一个小布包袱斜绑在身上，左手拎一个网篮（里边有日常用品和他特意挑出带了上路的几本书），右手拿了把竹柄竹骨的大红涂油纸面雨伞，然后迈步跨出了家门。虽然他后来还不断地回到家里来，但这一步还是意义非常。郁达夫此刻就跟一只幼小的燕子似的，带着无限的希望、兴奋、好奇和一些小恐惧，振动着一双还不算有力的小翅膀，颤颤巍巍晃晃悠悠，没有多少准头地独自飞上了青天。

没有看见祖母，郁达夫也不问，他心里明白这会儿祖母定是紧闭双眼，用没了牙的扁嘴使劲儿念经呢。祖母分明是要躲避亲人离别的悲伤。翠花把后背冲着他，正用围裙擦眼。郁达夫想了想也没理她，他知道这位心地善良的姐姐，除了盼望他平安幸福以外，再也没有别的心愿。所以，他也找不出什么合适的话跟翠花讲。只有母亲送他们出了院门，她先向刘先生说了两句客气话，才缓缓地转过脸看着儿子。郁达夫突然发现，母亲脸上的几条皱纹已经很深了。他本以为，母亲又要扯住他细细密密地叮咛好一阵，可没有料到，母亲走出门没几步，说：

"一路要……顺风……顺风！……"

仅仅说了半句没讲完的话，她就转身往回走。按当地人的讲究，出远门的人是要图吉利的，决不可以让出门人看到眼泪。

"咣"的一声，大门关上。看见两扇油漆已经剥落的院门，郁达夫更加清楚母亲吃苦受累也要凑钱让他考中学的一片苦心：希望能有一天，小儿子学成归来，好好地振兴郁氏家门。是啊，她独自支撑这个家庭已经很久了，也已经很累了，后代们可要快些跟上来哦。

码头上，停靠了一只木船。江雾弥漫看不清水面，只有从船身轻微晃动的情形才能判断出下面是流动的江水。还没上船，他们就闻到一股刺鼻的烧东西的味道。刘先生立在码头上冲着江岸看了看，见一船夫正烧纸帛，问道：

"哎哎，老大，不是摇夜航船才烧纸么，怎么早晨烧起来？"

"礼多神不怪呀，先生。"船夫头也没抬。

"船老大为什么要烧纸？"郁达夫不解。

"还用问吗，这叫上敬神明，下赂恶鬼，求平安的。可从来是摇夜航船才烧纸，如今白天也……这世道可真是乱了。"刘先生轻轻摇着头。

"船要开啦！"船老大喊着叫着向码头跑来。郁达夫和刘先生二人忙上船找了个位置歇下，看着水手们开帆、解缆，忙活不停。不一会儿，船便离了岸，缓缓而行。

船开了！郁达夫猛然醒过来似的，刹那间收起了刚才的兴高采烈，坐在舱里注视着外头。啊，故乡的山川城郭哟，已经高低摇晃着渐渐地向后面退去，退去。多么熟悉的地方，他从来也没有离开过这里。山坡上城里边，哪一间屋子哪一处建筑是谁家的、干什么用的，他都清楚。万没想到，多年住惯了的地方，今天说离开，一下子就离开了。刘老秀才是个老江湖了,出远门对他来讲有如穿衣戴帽一样平常,自然也无法了解此时郁达夫的离愁别绪。为了解闷,他一个劲缠着郁达夫乱聊:最近可看过好书?喜欢谁的书,谁的文,谁的诗?近来可曾写出好诗句?聊起作诗刘先生的话就更没个完了。刘老秀才关于作诗的见解本来也不高,加之郁达夫根本没有心情听他信口开河,只表面应着,把心思全放在逐渐远去的家乡上,刘先生终于见聊着没劲,收住了话头。而此时,富阳城最东边的几户人家也看不见了,郁达夫的鼻腔,一下子酸胀起来。为了不让刘先生看到他的脆弱,郁达夫便从网篮里拿出几册古诗书来读,转移转移心思吧。谁知,他信手一翻,竟是这么巧,刚好翻出一首离别诗来:

离家日趋远,衣带日趋缓。
心思不能言,肠中车轮转。

是啊,他想,我现在不就跟这几句古诗中说的一样吗?离别故乡的悲伤无法向别人诉说,而五脏六腑就像车轮转动似的,搅得人好痛好痛。书上的字模糊起来,两行冷冰冰的泪水流过他的双颊。郁达夫索性歪着头,靠住舱板上的一卷铺盖,装作想睡觉的样子。可是眼睛不闭还好,一合拢起来,脑子里立刻像刮起了狂飙一般,波浪翻滚。他想祖母,想母亲,想她们没了小阿官以后的寂苦生活；他眷恋着故乡城里，亲人们团聚的日常生活；他眷恋着家乡暖融融的太阳、热闹闹的街市、同学和朋友；还有，他想起了莲仙，还有昨晚在月光下与她相对的那一刻美好时光。想着想着，郁达夫不知流了多少眼泪，后来竟然弄假成真，紧闭双眼呼呼地熟睡过去。

"三少爷，三少爷，醒醒吃饭啦。"

听到刘先生唤他，郁达夫睁开眼，强烈的日光刺得他眯起眼来。这里是哪儿了？他发现江面变宽了许多，雾气也早让阳光驱得一干二净。看两岸，依然秀美，但山已不像家乡的那般高，把江水夹得细细；这里的山浑圆平缓，上边有不少的梯田，天空更加辽阔。

"刘先生，我们快到渔山了吧。"

"渔山？早过去了，就快入钱塘界啦。"

"这么快！"

"其实也不算太快，你已睡了好几个钟头了。来来来，快吃饭吧，一定睡饿了。"

这顿饭，郁达夫吃得口舌生香，他这才意识到自己刚才有多饿。几个小时的睡眠，令他精神抖擞；一顿快意的午餐，又使他的身体补足了"燃料"，充满了力量。少年愁，来得快去得也快，郁达夫情绪一转，离开篷舱站到了甲板上。只见木船正扯满了风帆，顺着碧波涟涟的江水快速东下，风儿刮得人衣飘，发飘，心绪也飘。刘先生也兴致勃勃地踱过来，站在郁达夫身后，说：

"现在这条船,可真是在乘风破浪呢。"

望着山水景色在变换,郁达夫问:"刘先生,我们离杭州还有多远?"

"快了,杭州已然在望。看那头,那儿就是杭州的山。"

郁达夫满腹的忧伤早被江风吹得干干净净荡然无存,一腔勇进的豪情,在他胸中腾起:

"杭州在望了,以后就是不可限量的远大前程!"

第十三章

匆匆三宿出凤城

中学堂的入学考试,对郁达夫来说并不算难。他所报考的"杭州府中学堂"(以下简称"杭府中学")在杭州城的三所中学当中,还是最难考的一个。写一篇文章,翻译几句英语及做四道数学题,郁达夫用了不到两个小时便交卷了。轻松拿下考试之后,离学校发榜还有一段时间,郁达夫早就憋不住要出城领略领略神往已久的西湖美景了。他住的涌金门附近的一家旅馆距湖区很近,出了涌金门即到了西湖边上。只因要准备考试,郁达夫没敢贪玩。现在好了,再没有任何事情需要办理,如果说有就只有一桩:畅游西湖!

考完试那一天,郁达夫一回到旅馆,便嚷嚷着要游西湖:"快吃饭快吃饭,刘先生,咱们逛西湖去。"

"莫慌嘛,一铲子掘不出一口井。"

"刘先生您可是答应做向导,说话要作数。"

"作数,作数。"看着郁达夫的迫切劲,刘老秀才也乐了。

出城门时,看到几个清军的兵勇在把守,郁达夫这才意识到他们是在省城,是远比富阳城大得多的都市。可郁达夫没有被城里繁华的商业街道所吸引,而是拉了刘先生一口气跑到西湖边上。

涌金门外临湖的地方,开着几家茶馆,如"颐园""三雅园"之类,生意十分兴隆,经常客满,寻个座位都很不方便。刘老秀才本想在哪处茶馆坐坐,郁达夫却没这份闲情,他只得跟在郁达夫后头沿着湖边前行。

"三少爷,我们往南走,离清波门外的'柳浪闻莺'最近。"

"你看这西子湖,水连天天连水,水天一色,何处不是美景哟。'水光潋滟晴方好,山色空蒙雨亦奇。欲把西湖比西子,淡妆浓抹总相宜。'苏东坡这首赞美西湖的诗可算最具代表性了。只几句,便把西湖无处不美、无时不美的精妙,讲得清清楚楚。"

"不错不错。听说啊,就是因为他这首诗把西湖比喻成西施,人们才开始称西湖为西子湖的。"见郁达夫面对西湖已进入痴迷状态,刘老秀才也不再强调"柳浪闻莺"的近便,只管跟上他往北沿着湖边行走。

"西湖为什么叫西湖呢?"

"因为它处在杭州城西边。历史上西湖的名称可多啦,金牛湖啊明圣湖啊钱塘湖,我也道不全的。西湖可能是老百姓喜欢这么称呼吧。"

"是啊,唯有民间百姓的语言才能流传最广,最久。"

"三少爷别光顾感慨,前边就是著名的白堤啦。当年大诗人白居易任杭州刺史，发动了全城百姓修筑起这道长堤，使西湖又能储蓄洪水又能灌溉农田，从此这一带的庄稼旱涝保收，成了有名的富饶之乡。"

站在白堤东端起点的断桥上，可看到被堤分开的里西湖和外西湖。里西湖玲珑小巧，外西湖碧波接天，分明是两种不同的风格。郁达夫明知刘先生说的未必全对，比如白堤并非由白居易所筑，而是在他之前就有的，可他还是愿意问些问题。"刘先生，断桥不断，是什么道理？"郁达夫喜爱地看着眼前这座有着许多美丽传说的桥问。"没什么道理，早年它叫段家桥，人们叫着叫着就叫成了断桥。咱们来得不巧，杭州好久没下雪了，不然在桥上看雪景很美的，'断桥残雪'是西湖一景。看那白堤两侧的杨柳，刚吐嫩芽，咱们又来早了，如果晚些天来这里，柳叶青青桃花盛开，满堤岸尽是柳绿裹桃红，简直是神仙待的地方。"

二人漫步在白堤上，郁达夫贪婪地用双眼"掠夺"远山近水的种种美色，说："仙境我也不敢求，可眼前这番景致，倒像是在画中游一般。"说着他们走到白堤的另一端，面前是一处带有临水平台的楼阁，楼侧竖碑一座"平湖秋月"。"不用说，这里是赏月的地方。记得宋朝人王洧（wěi）有'万顷寒光一夕铺，冰轮行处片云无'的诗句，看来我们来得又不是时候，晚上来才对。"郁达夫说。"不一定，西湖绝就绝在四时皆美，即使到了夜晚，也还能呈现出一片景象,白天更不用说了。"刘先生纠正道。"不错不错,"郁达夫说,"白天这里见不到秋月,平湖会看得更清楚。这里湖水波澜不惊,舒缓平展极了,叫人想起白居易的诗句,'水面初平云脚低'。写得多么准确!"

顺着白堤他们上了孤山。所谓山,不过是座几十米高的小岗。然而这小岗却活似颗玲珑剔透的珠子,上头有帝王的行宫和文澜阁等文化建筑,几乎转过几步就是一景。郁达夫早从书上了解过这些,如今身临其境,哪一处也不肯放过,只觉得眼睛不够用。不一会儿他们来到山脚一座依坡临水而建的亭子前,刘先生告诉郁达夫,这里是放鹤亭,是人们为纪念北宋杭州诗人林逋而建造的。接着刘先生介绍说,林逋一辈子没有做官,长期隐居在这孤山之上,他不娶妻,专种梅树养仙鹤,所以有"梅妻鹤子"的说法。他名气很大,死后宋仁宗赐"和靖先生"谥号,世人也尊称他林和靖。"湖上青山对结庐,坟头修竹亦萧疏。"郁达夫顺口吟了两句林逋的诗,深有感怀,"我要是能像和靖先生那样,不仅在湖上的青山中造屋居住,连坟都建在小竹林边,该有多好。"

游罢孤山,郁达夫兴致不减,刘先生可有些走不动了,说:"三少爷,咱们明天再来吧,先回去把肚子填饱怎样?""好的,好的,杭州有什么好吃的?游美景还要品美味。""要说美味,那就首推'西湖醋鱼'啦,我带你吃去。不过说好了,得你请客啊,我这个向导不能白当。"

刘先生一提起西湖醋鱼,脸上立刻泛出光泽。

次日,在杭州上学的郁浩找到郁达夫住的小旅馆。郁达夫见到二哥来,高兴得不得了,说:"二哥你来得正好,和我们一块儿逛西湖吧。""好,现在就走!"刘先生见他们劲头这么大,忙摆手,说:"要去你们去,兄弟二人正好做伴。昨天我可是累坏了,走不动了。"郁达夫哪里肯干,说:"老前辈,没有你做向导,我们玩也没意思了。"郁浩说:"三弟不要急,这样好不好?昨天你们在岸边走白堤游孤山,今天咱们雇只小船,走水路,游湖心,刘先生可免去奔波之苦。""赞成!"郁达夫与刘先生同时举手。于是,仨人商量起今日的行走路线。

走到街上,刘先生忽然"哎呀"一声,说:"看天色可能会下雨,我们还是回旅馆拿伞去。"郁达夫生怕误了游玩的时间,一眼看到街面有家卖伞的店铺刚刚开门,一个伙计模样的青年正在一块一块地卸店面的木板。他边上前买伞边问:"刘先生、二哥,你们喜欢什么颜色?"

卖伞的伙计一见来了买主,立刻精神抖擞,说:"三位先生不是本地人吧,那还是买这边的绸伞最合适。西湖绸伞,本地特产,几位用完后带回家也是个纪念。请看这伞面又轻又薄,什么颜色的都有,图案多得很,要花鸟还是西湖十八景?放心好了,伞骨结实,我们用的都是富阳的淡竹。"

郁达夫手快,伙计说话时他已挑了几把。看着色彩明丽的伞面，郁达夫正拿不准是要天蓝还是要湖绿，要妃红还是要玫瑰，忽听伙计提到"富阳"二字，心内不禁怦然一动，想起富阳城里确有几家作坊，里边堆满了伞骨架，原来是为杭州城的商店做的呀。一股淡淡的思乡之情，袭上他的心头。

郁浩知道弟弟的脾气，见他花钱大方，虽然心疼可又不便劝说。一是有刘先生在旁边，二来弟弟正在兴头上，说他会不高兴，而且三弟并非挥金如土的公子哥儿，他就是这样一个人，高兴做什么就一定要尽了兴才行。郁浩正努力地保持沉默，这边的刘先生可耐不住了，说："别买这伞呀，这是遮阳伞，女人用的。买那个买那个，哎对对对就是那种，又便宜又实惠，晴雨两用。"正准备收钱的伙计，给了刘先生一个白眼。

平静的西湖水上，一艘小船悠悠地划过，在水面上留下淡淡的一条波痕。小波的褶皱处，不时闪两下银光，若不是这小波和银色的光点，眼前的一切，准叫人以为是一幅写实的风景画或照片。四下里，寂静无声，此时人们都在杭州城里忙事情，或是刚刚起床不久，极少有人"发疯"这样早就赶到湖中央。

郁达夫三人坐在小船上，不忍打破眼前使人心醉的气氛，一句话也不讲。静静的湖水散发着清清的水汽，只有船夫摇橹发出节奏均匀的"咕咕"声。刘先生因昨天走得太累，而且多次来过西湖，不觉新鲜，过了一会儿便微闭双眼，打起了盹儿。郁浩双手托腮，盯着水面出神，不晓得有什么心思。只有郁达夫最为亢奋，他一会儿看这边平展展的青绿色湖水，苍茫浩渺，一会儿又看看那边的苏堤和连接着苏堤的六座石拱桥。因阳光很弱，别说苏堤，就是矗立在夕照山的雷峰塔都看得不是很清楚。自从昨天去了白堤，郁达夫就一心盼着早点走到苏堤上头，因为他一直把来杭州考中学看作从前读书人进京赶考一样。如今轻松过关考上杭州府中，他高兴极了，真想走遍西湖名胜，在每一处都像古代文人那样题上自己的名字。而苏堤因为和北宋大名鼎鼎的苏东坡有关，更是他很早就向往的西湖美景。可按今天的路线，要先到小瀛洲再奔湖心亭，上了岸以后则是先去岳庙，最后才上苏堤。也就是说他要从早上远远望着苏堤，一直等到下午才能登上去，心里难免有点着急。

三人游完了三潭印月，又登船赶往湖心亭。刘先生说三潭印月来一次绝对不够，至少还要在一个月光皎洁的夜晚来观夜景，而且最好在中秋节的晚上。郁达夫想了想，说："平湖秋月要在中秋夜观赏，三潭印月也要如此，看起来在杭州最少应该住上两年呢。""是这话呀，三少爷。"刘先生说。

船儿轻轻贴近湖心小岛。三人上了岛，径直向湖心亭走去，那里是小岛最主要的观景点。来至亭下，果然是不一般，那亭子外观双层，翘角飞檐，顶部用黄色的玻璃瓦装饰，堂皇庄重。亭子四面环水，站在这里可以眺望整个西湖的水光山色，只要转动身子，四方景色就全包揽到眼底了。眼界一打开，人的心胸也豁然开朗。

"这里是西湖十八景之一，叫'湖心平眺'。"郁浩告诉弟弟。

"这边这边。"刘先生站在亭东侧，好不容易等他们看完湖景，急不可待地招手叫他们。他指着一块刻有"虫二"两字的矮碑问："你们猜猜，这是什么意思？"

郁达夫看了看，一下明白了："虫字是风字的心，二字是月字的心，把风字月字的外框去掉，这碑文的意思是指西湖美景'风月无边'呀。"①

原想卖弄卖弄的刘先生，见碑谜被人说破，觉得没什么意思，嘟哝道："说什么风月无边，不过是个小小的游戏，和人逗着玩儿的。"他们上了小船，直往湖边荡去。

岳王庙是郁达夫极向往的地方。来至跟前，见庙门果然雄伟庄严，一股浩然之气扑面而来。庙内竖着许多石碑，上面刻有历代名人对岳飞的咏赞之词。郁达夫等人不敢多看，因为他们没有太多的时间。进了庙堂，岳飞的坐像威风凛凛地正对着大门，他一手按剑一手扶膝，双目平视，令人肃然起敬。岳飞身后悬挂着匾额，上书"还我河山"四个草书大字，是岳飞的手迹。郁达夫周身热血沸

---

① "风"字的繁体写作"風"。

腾，耳畔响起岳飞的那首气壮山河的《满江红》。出了岳庙的正殿忠烈祠，三人又去瞻仰西侧的岳坟。这里岳飞、岳云父子的坟墓，被高高的墓墙围起，墓墙外松柏苍翠。墓阙后面的门两侧，跪着当年陷害岳飞的秦桧夫妇等坏人的铁铸塑像。郁达夫看了，感到有些厌恶，忙快步离开。阴了半天的天，稀稀落落地掉落小雨点，郁达夫紧锁双眉，还没有从激动的情绪中脱离出来，甚至没有发现下雨了，两眼发呆地走着。郁浩上前几步撑开伞为他遮雨："三弟，三弟。"听到呼唤，郁达夫方才缓过神来，很认真地说："西子湖啊西子湖，这么美丽的地方，却发生过那样悲惨的冤案。二哥，岳飞父子抵抗金兵为的是收复国土保卫人民，可那个赵构却听信秦桧的谗言，把他们杀害！有这等君主，南宋焉能不亡！"刘先生刚才光顾朝秦桧像吐唾沫，此刻已被郁家兄弟落下很远。

"丹心一片栖霞月，犹照中原万里山。"郁达夫回首望了望栖霞岭方向，岳飞墓就在那里，"二哥，人生一世，纵不能像岳飞那样活得轰轰烈烈，死得轰轰烈烈，但如果能为国为民牺牲个人的性命，也是死得其所了。"郁浩索性一言不发，由着弟弟去感慨，他知道这会儿劝是劝不了的，让他宣泄一下就没事了。

不知不觉，二人来到苏堤。这是一条长达2.8公里的长堤，贯穿西湖，是宋朝诗人苏东坡主持疏浚西湖时，利用湖泥葑草筑成，并在堤上修建了六座石拱桥，桥名分别是跨虹、东浦、压堤、望山、锁澜、映波，造型各有不同。恰在这时，雨过天晴。郁达夫发现到了黄昏时刻，西湖像披上了新装，又换了一幅景象。走在绿树掩映的堤路上，观赏着波光粼粼的湖水，郁达夫的心情一下好转，不住地指点着景色让二哥看。登上一座石桥，那边挺立在山尖的雷峰塔清晰可见，风姿尽展。郁达夫尽情地享受着西子湖的景色，直到走完苏堤，才发觉刘先生不在身边。

一连三日，郁达夫几乎走遍西湖的所有主要景区，他的兴致也发挥到了极点。观灵隐寺、品龙井茶、在柳浪闻莺尽情赏春、登六和塔凭高远眺，他简直和古代的文人墨客一样，每次都要吟诗咏叹，抒发情怀。刘先生虽然由向导沦落成陪客，而且两腿又酸又痛，但他也有所"收获"：跟着郁达夫，可以免费大吃杭州名菜，什么西湖醋鱼、东坡肉、龙井虾仁、叫花子鸡，连幸福双、猫耳朵这样的传统小吃也没放过，简直是对杭州美食来了个大扫荡。郁达夫呢，到底是个不懂世故的少年书生，他一面在刘先生的怂恿下登这个楼上那个斋，品尝菜肴，一面还不住夸赞刘先生的建议高明，不愧是个见过世面的老前辈。只有郁浩在一边暗暗叫苦，为弟弟担忧，可他根本管不了任性的三弟。几天下来，郁达夫总算过足了瘾，心想，也该考虑考虑去中学注册报到的事情了。谁知解开钱囊一看，带来的学费已经用掉了大半，他这才傻了眼，要上杭府中学这样的好学校已经不可能了。刘先生见状，口称去找熟人想想办法，一走便再不见了人影。郁浩虽身在杭州，是杭州陆军小学堂的官费生，可他每月那点零用钱根本无法帮助弟弟填补亏空，只能陪着郁达夫一块发愁。正在这时，几个富阳来的同学来到郁达夫住的旅馆，听说了他的困难以后，便劝郁达夫和他们一块乘火车去嘉兴投考嘉兴府中学，因为那里的学费饭费都很便宜。郁达夫尽管对嘉兴府中学不感兴趣，甚至有些看不上，但事到如今，也容不得再挑剔了。

在杭州火车站，郁达夫想起他刚来杭州第一天便喝酒喝得大醉，想起他在杭州仅仅玩了三天便把学费花了许多，已经到手的好学校也上不成，深深地责备自己的荒唐，三天，才三天呀。郁达夫脱口成诗：

谁知西子楼台窄，三宿匆匆出凤城。

第十四章
杭州读书

平淡,太平淡了。郁达夫来到嘉兴之后,感到这里的一切都平淡无味,几乎跟富阳没什么差别。除了语言风俗不一样,他觉不出嘉兴有什么特点,平淡的城市、平淡的学校,勾不起人一点兴致。虽然在杭州遇上困难曾有过暂时放弃上学、重返家乡的念头,后又绝处逢生一样地转到嘉兴读书,可是现在的环境,现在的学校,绝不是他想要来的地方。在这里,郁达夫特别想家,想得厉害时,便独自流泪。在宿舍的油灯熄灭后同学们纷纷入睡时,郁达夫常一个人来到黑漆漆的操场上尽情流泪,思念家乡的痛苦在折磨着他。

半年以后,学校放假,郁达夫在回家途中,从杭州的旧书铺里买了一大堆书带回富阳。"嘉兴,我走了,我是不会再来看你啦。"郁达夫怀了一种逃脱牢笼的心情,急切地上了路。他准备在家好好读读书,然后仍旧转入杭府中学一年级上学。回到家乡,这儿的码头、江水使他感到既熟悉又新鲜。满舟弄没有任何变化,弄内左侧第一个拐弯处坐南朝北的黑色家门没有任何变化,门内庭院和那座三开间的二层小楼也没有任何变化,但在郁达夫眼里,却都有了新鲜的感觉，甚至对祖母、母亲和翠花，这些他再熟悉亲切不过的人，也觉着与半年前相比，有了一些说不清的不同。祖母和母亲是免不了要淌一次泪水的，郁达夫的泪却没了。终于回来了，现在他心满意足。

在嘉兴孤独了半年，如今总算过去。那么，该做点什么事了呢？该会会朋友！郁达夫乘着兴头出门。看谁去？同学们大都在外念书，留在富阳的没有几个能说得来，至于那些同班老秀才们，更没什么可来往的。莲仙，对，去看看莲仙吧。赵春已去了上海，到赵家看莲仙就更没了妨碍。一路上郁达夫在想着与莲仙再逢的情景，她那娇柔的面庞定会因惊讶而显得动人。刚到赵家大门，就见门一开，从里头走出两个四十来岁的女佣，与郁达夫打了个照面。

"郁家三少爷吧，都快认不出了。"

"可不是吗，出门念书就是不同的。哦哟哟，变化多快呀，像个大人啦。"

"莲仙，在家里？"郁达夫没心情听她们说话，这两天老听别人说他如何如何有变化，他自己一点也没觉出，才半年我就不像我了？讲变化只有一点，在外头别人叫他达夫，在家乡，人们还叫他荫生。

"怎么你不知道？莲仙也去了上海啦，跟她堂哥在一起。有老爷看护着，现在可好呢。说赵老爷和一个公使夫人挺熟的，公使夫人可喜欢他们兄妹俩呢，还答应过一阵送他俩出洋哩。"

"出洋？去哪里？"郁达夫问。

"唔，记不清了，你知道吗？"

"好像是一个叫什么'八里'的地方，对对，是'八里'，法国的京城。"

郁达夫百无聊赖地转头回家，在富阳他已经没人可会了。

躲进自家小楼，孤单的郁达夫非但没有感到寂寞，反而过得有滋有味，一个暑假都很快活。因为他带回家一大堆书，这就意味着他与一大群人交上了朋友，而且都是些博学强记见多识广的良友。郁达夫日日捧着书，听"朋友"讲传，与他们在心灵上交流。他有时手舞足蹈，有时拍案击节，有时仰天大笑，有时埋首痛哭。他看到一部无名氏编的《庚子拳匪始末记》的书。书从清光绪年间的戊戌变法说起，讲维新派如何力图革新，争求让中国强大，又如何惨遭失败，谭嗣同等六名维新派人士被捕，这六君子又如何在北京菜市口慷慨就义。书中还讲到太监李莲英如何受到西太后宠爱，在宫中玩弄权术，而八国联军又如何打入北京，烧杀抢掠。无名氏的书让郁达夫忧愤无比。他还看到一部鲁阳生编的书——《普天忠愤集》，书中收集了很多甲午海战前后的奏章议论、诗词赋颂等激昂文字。读罢，郁达夫方觉中国还是有不少人才，中国应该是不会亡国的。

秋风乍起，郁达夫推开窗子。他想：我出生实在太晚，有多少像吴梅村那样的诗人，我没有机会和他们做朋友。甲午年的黄海海战，我北洋水师败给了日本舰队，那时我还没有出生；而六年后八国联军在北京烧杀淫掠、无恶不作时，我才只有四岁，终日关在这小小庭院里无心地戏耍。真遗憾呀，我是多么地想去尝一尝冲锋陷阵的滋味呀！富阳啊，我的家乡，你美丽而温柔，可是你实在太狭小，小得让人难以施展拳脚。我必须离你而去，外面有更广阔的天地在召唤着我。

不久，郁达夫告别家人，乘船沿江而下，再度来到了杭州。由于他已经通过杭府中学的入学考试，这回交足了学膳费，便直接插入一年级。杭府中学位于杭州的直大方伯，教师都是学术界的著名人物。这是一所造就了大批人才的学校，曾在这个学校教书或学习的著名人士有鲁迅、陈望道、沈钧儒、许寿裳、马叙伦、叶圣陶、朱自清、俞平伯、夏丐尊、柔石、曹聚仁、丰子恺、潘天寿、魏金枝等。

既然是插班生，郁达夫在班里同学们的眼中，很自然地就有了个"外来户"的身份。尤其郁达夫衣着简朴，来到班里又不懂得向老资格的学生们讨好奉承，谁都觉得他有点呆。哼，到底是小地方来的，没什么见识。没人喜欢接近郁达夫。

郁达夫也不喜欢他的同学。在他眼中，这不过是一帮家里有钱有势的富贵子弟，举止娴雅谈吐温存不过是装出来的。他们穿得倒挺好，非绸即缎，可一旦配上肚子里的那点才学，就会让人想起绣花枕头，表面光艳内里却一肚子糠。尤其叫他看不上的，是班里竟有几个穿戴鲜艳涂脂抹粉的男同学，装腔作势，真令人厌恶透了，郁达夫根本不可能理会他们。渐渐地，他和班上的人互相生出了敌意，在心中筑起了一堵墙。

杭府中学依旧没有脱出老式学堂的习惯，把国文课视为最重要的课目。教郁达夫这个班的国文教员，是位姓王的老先生。经过几次作文之后，郁达夫的文章便引起了他的注意："谁是郁达夫呀？"郁达夫站起来，听着先生的夸奖，并不觉得很舒服。他不看也能晓得，四下尽是带有敌意的目光，有妒恨的也有不以为然的，反正在他们眼中，郁达夫的文章再好，也是可恶的东西。

问过郁达夫在何处启的蒙，又跟从哪些老师学过文章，王老先生微微点头，说："唔，不错，你的文章言之有物，有内容就好嘛，条理上也还算清晰。要注意'雅洁'，不要有俚俗的庞杂的东西，如此，文章便会更上一层楼。方苞、刘大櫆、姚鼐的文章都看过？"王老先生是位桐城派的文人，所以总把清代散文流派桐城派的代表人物挂在嘴边。听郁达夫说读过这些人的作品，他很高兴，说："好好，下去后再把这些文章找来，反复地读，认真玩味玩味，定会精进。"

王老先生在上边夸着,有些学生则在下边议论着:

"老先生看上他哪儿啦?这么喜欢。郁达夫,啐,什么东西。"

"奇怪,看他呆头呆脑,文章写得可不呆。"

怪,怪?怪!

很快,他们就给郁达夫起了个"怪物"的名字。

郁浩来找弟弟时,发觉弟弟与同学间有矛盾,不无担忧地劝他道:"三弟你可不要太孤傲了,这样子长期下去有什么好处?"

"也有好处,没人理我,我正好把感情、时间、精力节省下来钻书本。走啊二哥,陪我买旧书去,其乐无穷呢。"说着郁达夫硬把哥哥拽走了。

清末民初时杭州的旧书铺,都集中在丰乐桥、梅花碑的两条直角形的街上。繁华处一个店挨着一个店,店内古旧书籍可算琳琅满目,屋中弥漫着油墨味。旧书街上不仅有书店,也有不少书贩摆的地摊。一般来讲摊上的书质量比不了店里的书,但价格便宜得多,有时随买主说个价钱即可成交,赶上书贩急等钱用,书还有成堆卖的时候。读书人光顾书摊不单图便宜,更由于在这便于翻拣的地摊上,偶尔还能找到世间难寻的珍贵书籍或版本,甚至还能找到古代名家亲笔在书上做的批注、笔记,乃至有感而发写下的诗赋。花几个铜板买回价值连城的珍本,那种喜悦,就绝不仅仅只是因为"拣了个大便宜"。

却说郁达夫拉着二哥来到丰乐桥，不知疲倦地逛书店，很快又买下了一小摞旧书。郁浩奇怪地问道："你哪里有这些钱？""当然是从零用钱里节省下来的。"郁达夫答道，"买旧书是我唯一的娱乐，我的零用钱不用在这里还能用在哪里呢。告诉你，每到星期日的早晨，我醒来躺在床上，脑子里想的第一件事，就是算一算这一个礼拜节省下来的钱，都能买到哪些书。书我早就看好了，都是最便宜最有用的。只要想一想今天我又能捧回几本好书，哈，我能乐得心里边直痒痒。"郁浩心想，难怪人家说你是怪物，你就是有点怪。

中午了，已经赶不回宿舍吃饭，郁达夫带二哥来到一家小面馆，要了两碗清汤面吃。两人吃着，隔壁羊汤馆的肉香味飘了过来。郁浩看弟弟吃得正香，边吃边翻阅着新买的书册，很得意的样子。他不由想到弟弟刚到杭州时在西湖边的"豪放"举动，便明白了，昔日弟弟吃名菜品名酒，不过是为了丰富阅历、品尝人生罢了，节俭起来弟弟比谁都做得好，只不过他从来不在他认为该花钱的地方上节省。

"三弟，你是不是也太苦自己了？"郁浩有点不好受。

"没有呀，清汤面就够好的啦，有时我赶不上回去吃饭，在这一边吃面一边懊恨，几个铜子就这么让我浪费啦，用这钱还可以买本好书呢。"见哥哥表情有变化，郁达夫忙又安慰他，"不过呢，也不全是懊恨，在这里吃面感到快慰的时候更多。我常像现在这样，一边吃面一边翻书，也很享受。吃着看着，有时候会出现一刹那的恍惚，这恍惚之情，大约和哥伦布当年发现新大陆的时候所感受到的一样呢。"

"三弟，注意好自己的身体。过些时候我就能从陆军小学堂毕业，然后去军队谋个事情做，总会有点薪水的。那时咱家的生活就能好些，我也能多少帮助你一点。"分手时，郁浩一再叮嘱弟弟。

书读多了，难免就会产生创作冲动。自从进入杭府中学，郁达夫就开始写诗，这回是真正意义上的写诗，是写了专为发表的诗。以前在嘉兴时他也试着写过些充满稚气的五言诗和七言诗，一首接一首地把一本红格子作文簿都写满了。有时候他写得来了情绪，激动得晚上都睡不着觉。不过现在郁达夫写诗，情形又有点不同，那就是他大半年来又读了不少书，涉猎的范围更广。很多书他虽不能完全地欣赏，比如流行本的传奇杂剧等，但读了以后能产生出一种朦胧的感觉，回味无穷，仿佛在大好的春天饮了美酒。郁达夫已经不能不写诗了。

宿舍里，郁达夫铺开纸本，研墨润笔，然后熟练地用小楷无声地在纸上狂走。把几首心中酝酿过的小诗写出来后，他长出口气，将笔丢开，靠在椅背上用一种慈祥的目光看着诗稿。不一会儿，他觉得有的地方不太好，有的简直歌不像歌诗不像诗，于是又抄起笔勾勾抹抹做点修改补充。如此往复两次，他觉得实在没有什么可改的了，便从里边挑出两首短点的，郑重地抄了一遍，那字迹工整极了。

就把这两首寄给报社发表吧。我真的要寄出去吗？真的要发表诗吗？那么，就寄出去吧。只是用自己的真名不太妥当，在学校尽量不要惹麻烦，要是用真名真姓上了报，以后班里人不定会怎么看我这个"怪物"呢。对，还是用个假名（笔名）的好。郁达夫把信装好，封严，再仔细核认一下信封上的地址。没错，《全浙公报》的地址没错，他确认无误后才出门发信。第一次往报社投稿，他觉得有点神圣，虽然没用真名。

整整一晚上，郁达夫都没睡踏实。报纸，他倒是经常看，可就是想象不清楚，自己的作品刊登上去，会是个什么样子。嗨，还能是什么呢，和别人的一样呗。他努力让自己平静，好早一点入睡。可是不行，大脑好像已经脱离开躯体，任性地不听指挥。一会儿，他在想编辑先生见了他的诗作，该有个怎样的态度，是赞许还是不屑一顾地揉作一团扔入纸篓；一会儿，他又想，作品发表出来人们该有怎样的看法，是欣赏还是捂住嘴咔咔地发笑：只有怪物才写出这种玩意儿来！

没睡一会儿，天就亮了，郁达夫起床后第一件事就是溜到阅报室去看报纸有没有送来。可是他来得太早，新报还没有到。早餐，他没有吃出一点味道；上课，他也没有听进一点东西。他哪里还有心思做这些，吃饭上课现在对他不过是条件反射般的日常活动而已，他一心惦念的是报纸、诗作。下课铃声一响，郁达夫又拼命奔向阅报室。新报到底来啦。然而，《全浙公报》上面并没出现他的小诗。

回到宿舍，郁达夫气也没喘，又抽出纸笔写诗。他已经不能不写了，现在，发表欲就和吃饭穿衣一样成为郁达夫不可缺少的需要。他甚至弄不清自己干吗偏要这么做，总之，他有话要说，有感要发，即便都是些个人的幼稚感受，可他觉得只有把感受发表出去，才算得上把话吐露出来。也难怪，在杭府中学，他孤独郁闷得太久太久，没有谁要听他讲话，也没有谁有话要向他说。徐志摩这样的同学算是谈得来的，可他也有自己的生活，他总被大量的应酬活动占据着，老也看不见人影。比起空旷的操场、辽阔的天空，郁达夫觉得报纸、编辑部更有些"人"的气味，有话向那里说，有感朝那里发，到底更为实在一点。

接连发出几封投稿信后，郁达夫的热情稍稍减退。然而他还是每天要到阅报室去，不管有没有看到自己的诗作，读报总还是需要的。这天他又拿起《全浙公报》，照习惯还是先从报尾看。谁知，上边登的一首五言诗竟是那般熟悉。郁达夫揉了揉眼睛，没错，就是他前一次寄去的一首模仿宋人的古诗，连假名字都对得上号。是我写的，郁达夫再次确认，是的，就是我自己连缀起的一串文字呀！到底刊登出来了，到底让排字工人给排印出来啰！

虽然郁达夫明知自己用的是假名字，阅报室里绝不会有人知道这首诗的作者是谁，可是他的心儿还是在狂跳，脸膛也变成了朱红色，"轰"的一声，连双耳也响了起来。他的脑袋开始摇晃，身子也开始摇晃，仿佛坐在船里受了风浪而颠簸不能自持一样。过了一会儿，郁达夫感觉连眼睛也不太听使唤了，只好瞪大了眼睛，把那张报纸看了又看，生怕这稿子不是自己写的不是自己投的。如果弄错了，他岂止会大失所望，没准连精神都要崩溃。

不行，再这么犹疑猜忌下去可就受不了啦。郁达夫想着，便放下报纸来到操场上狂奔起来。发表啦发表啦，我的诗作，它发表了。写的东西一旦被铅字印出来，看上去怎么就分外顺眼，分外叫人舒畅。郁达夫连跑带跳地围着大操场狂奔了一圈。在他眼里，这操场不再是他孤寂思乡时散步的场所，不再是出操时遭人窃笑与白眼的地方，而是尽情发泄狂喜的天地。可是他忽然发现，直到现在，他都只是狂而未能喜。怎么，为什么想快乐想欢喜却欢乐不起来呢？郁达夫发觉自己对作品的发表，依然没有百分之百地确定下来。于是他又回到阅报室，幸好那张《全浙公报》没人动，还放在老地方。他上前又一次打开报纸，把那首五言诗从头至尾再次逐字读过，这才放下了心。这时，他的快乐方才涌上心间，真没想到，牛刀初试就成功了！他真想大叫起来。

从那以后，郁达夫写诗更加勤奋。在课堂上他认真念书，在宿舍里他抓紧创作。他开始将诗歌寄往各家报社，《全浙公报》刊登了他的作品，《之江日报》刊登了他的作品，连上海的《神州日报》也刊登了他的作品。不过郁达夫一律用的是假名，而且名字也起得五花八门，除了他自己，不会有人想到，这些诗作出自一人之手。而郁达夫也在一次次的成功中，获得了满足。

第十五章

还乡

秋渐深,天气转凉,草木也渐渐稀疏、发黄,一早一晚人们出门,还会觉得有点冷意。南方的秋冬虽不似北方那般寒冷、持久,但大部分地区的植物也会停止生长。若说还有温暖的地方,省内就只有温州以南的那片地方了,而温州的名字也是这么来的。而杭州属于浙江北部,真冷起来照样结冰,照样下雪,要不西湖哪里会有"断桥残雪"。

就在郁达夫兴致勃勃地写诗时,家里的情形有了转机。他那留学日本研习法律的大哥郁曼陀回到了北京,经考试成为一个七品小官,在清政府外务部供职。在此之前,二哥郁浩也从陆军小学堂毕业,到军队当了排长。家里有这一文一武俩兄弟,经济上有了支持,精神上也抬起了头。很快,郁达夫收到母亲托人捎来的御寒衣服。他感到格外宽慰,知道家里的经济稍稍宽裕也会让母亲大松一口气的。郁达夫把衣服抱在怀中,心头泛起暖意,不由双眼淌出了泪水。

穿上母亲做的衣服,郁达夫周身舒适,每一块肌肉都松弛下来。迎着冷飕飕的风儿,竟然了无寒意,郁达夫打起精神,快步走出校门。

西湖边,寂静得让人心头发空,往日的游客全没了踪影。抬眼远望,天高水远,只有数朵白云无声地浮于晴空,缓缓移动。秋风起时,岸边的垂杨温顺地摆动起万千柔软的枝条,似乎在一遍遍地宣称着:这个世界并没有在沉寂中死亡,我有的是生命力。

每当心事重重、难以排解,郁达夫总爱跑到西湖之滨,散着步静静思考。西湖的秀山丽水,总能帮他缓解内心的压力,整理纷乱的思路。今天,家里的情况令人高兴时,他也来到这里。为让心情平静下来,郁达夫边走边回想着母亲在信中的嘱咐:

"阿官吾儿,见信如面。托人带去几件衣服,不知你穿着合身不合身。如今你两个哥哥都在外做事,多少能接济家中,家里现在好多了。你祖母的身体也还算好,不要再为我们担心。娘只盼你在外专心用功,日后也好混个一官半职,就像你两个哥哥那样。阿官,娘对你寄的希望最大,你要比你的兄长更有出息。娘看得出,将来咱郁家门庭的光彩,还要靠你……"

"娘……"郁达夫的喉头有点哽咽。

他不知道,自己究竟能不能肩负起母亲的重托,但他深知,母命难违,如果不听她老人家的话,倔强的母亲是会伤心的。不由得,郁达夫又想起前几天大哥从北京写给他的信:

"三弟,多年不见,想你已经长高许多。为兄这次在京任职,不过七品官耳,所愧者薪俸菲薄,尚不足以奉养高堂母。兄学法律,总不会久混于官场,目下暂且栖身,休养生息,日后如有机会兄还要出洋深造。望三弟抓紧功课,待你羽翼稍丰,我会考虑带你出去。学用如有不足,尽可来信……"

郁达夫发觉走出太远,忙掉转头往回。是呀,在杭府中学算算待了快一年了。郁达夫心中盘算着:近来不断有诗作发表于各报,至少说明我是有能力再做发展的嘛,我为什么非得按部就班地陪着一帮恼恨我的人,继续读死书呢?这也太不必要太不上算了。是的,我还得再求发展,绝不可固守在一个地方,无所作为。

尽管新打算还没有任何具体的内容,但郁达夫一想到世界将向他打开另一扇窗子,那边有着新奇的生活和新奇的事情,就已经激动得浑身抖动。他感到自信心重又回到了身上,他将驾驶新船,沿着新的航线,寻找新的人生目标。而现在,富阳家中已不似先前那么艰难,正是没有牵挂勇奔前程的大好时机呀。

郁达夫兴冲冲地回到宿舍,进门就看见他买的那些旧书。他满意地欣赏着这一排排的书,像一个军官在审视帐下的兵士。陈列的书当中,他很看重《留青新集》里的《沧浪诗话》和《白香词谱》。至于那本《西湖佳话》里的每一个短篇,他起码看了两遍以上,书也给翻得更旧。

欣赏完毕，郁达夫靠在铺上，双手交叉做枕，不由得把目光移向同学的床位。那里，是徐志摩的位置。此刻，徐志摩并不在屋，每逢休息日，宿舍里是绝对看不到他的，他总有大量的交际活动要参加。下午了，屋里依然很静。郁达夫顿生出无限感慨，从湖边带回来的兴奋也消失殆尽。同一宿舍，竟住着两个在许多方面截然相反的人：我郁达夫，在他人眼里是个来自乡下的蠢材，不善交际不善言谈，衣着也极朴素，在班里说话做事都诚惶诚恐，战战兢兢，对周围事物总觉得新异害怕，常像蜗牛似的蜷伏着尽量不去招惹外界。再看徐志摩，人家是海宁巨富的子弟，风流阔少，衣着鲜亮言谈爽朗，特别地引人注意。尤其和他表哥，那个身材高大的沈叔薇在一块儿，他更显玲珑小巧，一副金边近视眼镜反衬得他更为顽皮。兄弟二人无论在课堂上还是宿舍里，总爱交头接耳、笑着跳着，常闹出些叫人意想不到的淘气事，又可笑又奇特。两相比较，唉，我的确土气，的确是个怪物哟。

他的感叹全都是事实，和徐志摩相比，在许多方面郁达夫是少了点风采。不过，郁达夫的自卑感从小就养成了，事事看着别人高自己低不过是他的偏见。他常惊异徐志摩平时学习并不用功，常在课上偷看小说，但考试或作文总是分数最高。但他忘了，自己一进班马上就引起了老师的注意。国文课上，老师总要把二人的文章当作典范读给同学们听。若说不同，徐志摩更爱做自己爱做的事，所以在通往成功的路上凭的是天赋加天赋,而郁达夫是要做他认为该做的事,通往成功的路上就要凭天赋加努力了。实际上两个人同在一班同住一舍,还是相互敬重相互学习的。徐志摩常请郁达夫吃他从家乡带来的零食,郁达夫也常把自己的藏书借给徐志摩看。像《庚子拳匪始末记》《普天忠愤集》,徐志摩读了以后也和郁达夫一样热血沸腾、怒火冲天。

郁达夫正在胡思乱想,门"砰"的一声给撞开,徐志摩抱了一捧东西风风火火地进了屋:

"达夫,又没出门?"

"出去过,回来得早。"

"还是旧书店?"徐志摩坐到床上,开始清理他的大包小包,"家里又捎来东西。这是什么?皮衣,现在哪里穿得着,他们总是乱操心。哈,麻酥糖,达夫接着。"

郁达夫接过他扔来的酥糖,打开放在桌上,却并没吃,他在等着徐志摩一起享用。偏徐志摩在读一封长长的家信,他也不再等了,大口吃起来:真好吃,又香又甜,肯定是精工细做的上品。他吃得正香,就听徐志摩一声高叫:"不好!"

"怎么啦?"郁达夫吃了一惊,酥糖差点落地。

"啊哟,家里遭了大水了,连日烈风暴雨,塘堤圩堤一片汪洋,房屋倒塌人畜漂失,连我家后门都进了水。"

说完,徐志摩无力地倒在床上,哼哼唧唧像得了病似的。郁达夫见劝说没有用,就把刚买回的几本书抽出来,说:"好啦好啦,你急也没有用的,说不定现在大水已经退光了呢。哎,这是我今天买的书,你先拿去看。"

"我没心情,达夫啊,我没心情哟。"

眼看着徐志摩的状态越来越糟,郁达夫束手无策。正为难中,宿舍门又被"砰"的一声撞开,这一回声音更大。徐志摩的表哥沈叔薇涨红着脸闯进屋,说:

"重大消息!同盟会会员吴玉章、王天杰等人,在四川荣县宣布独立,成立了新的政权!"他挥着一份报纸。郁达夫和徐志摩立时忘了刚才的话题,上前接过报纸细读。这是继黄兴领导的广州黄花岗起义、保路风潮中的"成都血案"之后,发生的另一件大事。

从各方面看,反清革命武装起义的曙光已经出现。听说有不少小城镇,街头还挂起了革命党人的画像。郁达夫跑到大街上去看,发现杭州城已然乱乱纷纷,人心浮动。清朝的兵勇们不再出现在街头,全龟缩在兵营里像是没了事做。只有城门处把守关口的哨兵露了面,但也一副懒洋洋无精打采样,搂着枪待在一个角落,再不用鹰犬般的眼睛监视过往行人。清王朝的气数,确实要尽了。郁达夫想起徐志摩说的话:革命要来,就快点来吧。

是的,革命的风暴,就要来了。郁达夫默默地想。

1911年10月10日的黎明,曙光初升,湖广总督瑞澂慌慌张张地下令,把他们刚刚逮捕的革命党武装起义领导人刘复基、彭楚藩、杨洪胜三人，押至总督署辕门左边处以死刑，并令各标营封锁营门，不许兵士出入，搜捕革命党人，务求搜杀干净。三烈士从容就义，刘复基临刑时还大声疾呼："同胞呀！大家起来革命！"

烈士的呼唤余音未尽，当天晚上，武昌起义爆发。武昌城内第八镇工程第八营的熊秉坤等人首先行动起来。他们冲出营房，率领起义士兵迅速占领了清军重地——楚望台军械库，此时其他各标营的士兵相继起义，纷纷占领军事要地。起义军在军械库补充了弹药，推举工程第八营左队队官吴兆麟为临时总指挥，然后像一群雄狮似的扑向了总督署。霎时间，大炮轰鸣，枪声大作，火光四起。总督瑞澂吓得胆战心惊，带人打穿了总督署的后围墙，钻洞逃走。就在第二个黎明时分，起义军攻下总督署，控制了全城。当天（1911年10月11日），中华民国湖北军政府宣告成立。军政府成立后，通电全国，宣布废除清朝皇帝年号，称中国为中华民国，并号召各地响应起义，推翻清朝统治，永久建立共和体制。

武昌起义的胜利，立刻在全中国产生了连锁反应，各地纷纷起义，宣告独立。

兵荒马乱之际，在杭州城再待下去，已经没多大意义了，郁达夫决定重返富阳。在此之前许多外地学生都走了，徐志摩也回了老家钱塘江北岸的海宁硖石镇，校园内空荡荡的。郁达夫把一年来买的旧书稍做整理，挑拣了一部分装入箱内,其余的拿到书市低价卖给书贩子,把回家的路费凑足。匆忙之中,郁达夫没有把他用笔名发表在各报上的诗歌存底带走,以至这些报纸全部散失掉了。后来,他在编辑自己的诗作时,全然想不起来这些诗作的内容、发表处以及所用的假名,给他本人及无数热爱他的作品的读者,留下无限遗憾。郁达夫扛起行李,临出宿舍门,又环视了一下室内,一阵怅然后咬牙踏上归程。

江岸码头,樯帆林立,熙熙攘攘。不少大小官员和商人,正忙着往乡间转移财产,有的则是举家逃离杭州城。"嗨哟嗨哟",声音沉重的劳动号子不断传来,苦力们扛着箱包,踩在尺余宽的木跳板上,往船里装货,来往如梭。岸边,有管家模样的奴仆一边听着主人的叮嘱,一边做出副干练的样子拍胸脯请主子放心。看着一箱箱财物往船上搬,郁达夫心想,往日这帮狗官奸商们盘剥了百姓多少,今天总算暴露在光天化日之下了。

郁达夫乘坐的是一条大船,船上自然也有不少回乡避难的官员和商人,按他们的说法是"小乱进城,大乱进乡",但这些官吏和商人的品级并不算高。郁达夫觉得即使与这些人同坐一船,也够腻歪,从心眼里瞧不起他们。舱内,男人们端坐着,似乎在想心事;家眷们却乱得一团糟,还有吵架的,尖声尖气刺人耳鼓。郁达夫为了保证自己的位置不被侵占,暂且忍耐。船一开,他就走上甲板,呼吸新鲜空气去了。

因是大船,所以在江上走得很平稳,郁达夫乐得靠近船舷,一来可以更好地欣赏两岸风光,二来尽量远离那群人。只是,仍有女人嘤嘤的哭声传来,也不知是受了什么委屈。唉,在这改朝换代的大潮来临之际,多少人在为国家和民族的前程奋斗,乃至牺牲,偏偏中国还有这许多的蠹虫,把社会搞得千疮百孔。腐败丑恶的清朝政府,快一些垮台吧,中国啊,快一些强盛起来吧。

此时,郁达夫的思想已经和整个中华民族的命运交织在一起。这位少年书生,祈盼着国家、民族获得新生,发自肺腑地诅咒封建王朝的反动与腐朽。百感交集于心头,郁达夫在甲板上沉思着,吟哦着,一首咏叹历史必然更迭的诗形成于胸:

> 楚虽三户竟亡秦,
> 万世雄图一夕湮。
> 聚富咸阳终下策,
> 八千子弟半清贫。

迎着落日,郁达夫仿佛看到日暮途穷的清政府必然灭亡的下场。一个普通的学生,吟诵着批判帝王的诗歌,他的心中,豪迈之情正在激荡。

第十六章

在乡间

回到家乡,郁达夫过起了独居苦学的生活。他躲在富春江畔的小楼里,按照自己的意愿读书,这可以说是他一生中收获最多、影响最大的一个预备阶段。每日清晨,他起床后总是脸也不洗,就先读一个小时的外语。吃过早餐,则是他读中国书的时间,当时他的课本是自己选定的,一部是《资治通鉴》,还有两部《唐宋诗醇》。下午,他挑着看点理科书籍,读完如果天色还早,总要出去散一会儿步。

富春江两岸长满了青青芳草,把起伏的地势装扮得更有生机,袅袅垂柳顺着江风轻轻摇摆,似绿色仙子妙曼的舞姿。这一切郁达夫是永远也看不够的。每次从杭州回来,他都喜欢沿江边行走,走上城东的鹳山,去登临那里的春江第一楼,坐在楼上观赏江天。有时,他会出城北,到田野里散步;有时,他出城西,去近郊的农村走走。在农村他亲眼看到农民耕作的劳苦、赋税的沉重、生活的艰辛及迷信愚昧等,感到心头一阵沉重。他就此养成的深入生活、了解民众的习惯,为日后成为作家提供了创作源泉,也为日后成为文艺理论家打下了基础。后来他成为中国五四运动涌现的第一代作家中,最早关心农村问题、最早提出建设农村文化和农民文艺的人。而且他独具慧眼,把农业经济看作中国的命脉,写出《农民文艺的提倡》《农民文艺的实质》等优秀论文。

小楼里的郁达夫一边大量读书丰富着自己,一边密切地关注着时局的发展。他特意订阅了上海的函购报纸,每天从外边散步回来,上海寄来的日报也就到了。于是,他又躺在床上边休息边阅报。街市上天天都有敲着铜锣卖早报的小贩,只要听到锣声从街头响过来,郁达夫便出去把省城的早报买回。

街面的茶坊酒店里,贴满了革命党人的画像,店主把这些不花钱得来的招贴画糊在墙上,当作装饰。郁达夫经过时总会望上一眼,他觉得画上那些留着八字胡须、披着洋服的人,很有点外国人的模样。有几个天天泡在茶馆里度日的老年人,总聚在一块,压低喉咙紧皱双眉,喊喊喳喳很郑重严肃地议论着时局大事。郁达夫有时真想过去听听他们在说些什么,可一看老人们那副戒备的神态,到底没有上前打探。他觉得这些人有点可笑,革命党打到富阳来,是迟早的事情,何必那么谨小慎微?

亲友们对郁达夫的自学生活并不理解,老看他四处行走,独来独往,不免议论纷纷,发出责怪,发出嘲笑。有的人干脆当面责问:"为什么不进学堂去读书?"郁达夫都用"家里再没钱供我去浪费了"之类的话搪塞过去。也有人出于好意，规劝他："在家里闲着，到底不是青年的出路呀。"郁达夫很感激，真心回答道："现在正在预备，打算来年去考大学。"

考大学，是郁达夫的心里话。可他明白，眼下时局动荡，恐怕还不是时候。武昌起义成功后，郁达夫每一天都在密切关注着国内局势变化，渴望着革命的风暴早点刮到富阳这个沉静得如同古井似的小县城里。

10月22日，湖南、陕西宣告独立。

10月29日，太原新军起义。

10月30日，昆明新军起义。

报纸上不断传来令人震惊的消息，城里不断传出五花八门的谣言，搞得人心惶惶。俗话说：城里一声响，乡下就乱讲。城里的谣言传到乡下，就更加热闹。有人说，杭州在杀没有辫子的和尚（指留短发的人）；有人说，抚台已经逃跑了。"什么小乱进城，什么大乱进乡"，大家早都没了主见没了章法，乡下人往城里跑，城里人往乡间逃，谁都觉得自己待的地方不安全，挪挪窝心里边才踏实点。

11月4日，上海光复。

11月5日，苏州宣布独立。

11月9日，广东宣布独立。

与苏州独立的同一天，杭州新军起义了，他们攻占了巡抚衙门。省城光复的当天，浙江军政府成立，汤寿潜被推举为军政府都督。

郁达夫每天都绷紧了神经，渴望着新的变化，等报纸看已成为他一天中的头等大事。秋寒了，夜深人静，一听见喇叭的声音，郁达夫便穿起衣裳，到后门去探听消息，看是不是革命党到了。他因激动而发抖。沿江一带，每天都能看到运兵船驶过，县城洋货铺里的五色布匹，不知不觉中也卖出去大半，不少人在悄悄赶制中华民国的五色旗帜。

终于，在一个阴冷的下午，几艘从杭州来的挂有五色旗的船开到富阳。江岸上，来了几十个身穿灰色制服的士兵，都荷枪实弹地站列着。县城里的知县，已于头一天跑掉了。富阳城商会的头头、几个有点声望的绅士以及留守在城里的一个清朝官员，联合出了一张告示，无非是说从此拥护共和，富阳脱离清政府统治，改为中华民国的县份，要士农工商各色人等安心生产。随后，他们又为那些穿灰制服的士兵们开了一次欢迎会，家家户户便挂上了五色旗。富阳，这个属于杭州府管辖的小小县城，也就算光复了。县城的整个革命过程，在不发一枪、不伤一人的情况下，安安稳稳地宣告成功。

这个过程，多少令郁达夫有点泄劲。他躲入小楼，又陷入无边的怅惘：想我郁达夫，也是个热血青年，平素喜欢读慷慨激昂的文章，拿起笔来，也是为了国家与民族满纸呜呼，痛哭流涕。我身在书斋中，一心想着去冲锋陷阵奋勇杀敌，为国效力为民舍身，在所不惜。我是多么想作为一名革命志士去参加战斗呀。可如今，遇到国家天翻地覆的大变革，我却始终没有一点作为，不过站在斗争的漩涡之外，空捏着拳头，洒几滴旁观者的哑泪而已，真是莫大的遗憾。

郁达夫的巨大遗憾还没有抒发完毕，家乡的现实就更叫他灰心了。革命，已经革完了，五色旗一挂，"共和"就算实现。而他的眼前都出现了哪些变化，郁达夫睁大了眼也没看到。除了街头茶馆酒肆里的人们不再关心政治，恢复了天气、家常的老话题外，富商照旧是富商，绅士依然是绅士，在县衙门里办事的还是往日那帮旧官吏，只不过没了补服、朝珠、顶戴和花翎。巡捕们衙役们，尽还是旧朝人物，光天化日之下，有人还拖着辫子办公。最让郁达夫关心的乡村又怎样了？地主照旧还是地主，还像往日那样放租收租；农民依旧还是农民，辛苦的劳作、贫困的生活没有一丝的改变。

这就是我所盼望的革命么？郁达夫苦思。

转年元旦，孙中山在南京就任中华民国临时大总统，宣布中华民国成立，通令改用公历，这一年（1912年）为中华民国元年。没过几天，在袁世凯的压力下，孙中山声明，如清帝退位，袁世凯赞成共和，他将辞职，推袁为总统。于是，以段祺瑞、姜桂题为首的四十七名北洋军阀将领，通电拥护共和并奏请清帝退位，意在拥戴袁世凯。袁世凯自己则拥重兵驻在长江以北，分别向北京清朝政府和南京民国政府耍弄着政治权术,搅得中国政局乌烟瘴气。

郁达夫对时事已经失去了希望,春天一到,他便回到杭州,准备再进杭府中学念书。不料学校仍未开学,据说要做一年的休整,郁达夫无奈,在学校附近的保安桥住了一阵,只得怏怏重返富阳。他乘坐的夜航船,行走在黑乎乎的江面上,乘客们心困身乏又无风景可看,全都昏昏入睡。郁达夫也因心绪不佳,早早地打起瞌睡。船行至三江口一带(之江、浦阳江、富春江汇合处),忽然黑暗中斜刺里冲出一条快船,上面几个男子厉声高叫:

"停船!停下!"

"听见了吗!快快停船!"

航船的旅客都被惊醒。一个船工颤着嗓音道:"不好啦,贼船追来了。"

"有强盗,快跑呀!"有旅客嚷嚷。

"跑不了的,再快也快不过贼船。"船工像是在哭诉。

不一会儿,贼船追上来,轻巧地在水上打了个弯,与客船并了排。"噹啷""噹啷"两声,强盗们用带铁钩的长竿搭住客船船帮。说时迟那时快,早有七八个彪形大汉跳上客船,挥舞着闪着寒光的刀斧,迅速把守住船舱两头,威逼全体旅客集中到船的尾舱。他们的动作干净利索,显然是干惯了这一行的。可怜船上的众旅客,还没来得及穿上衣服就被赶到一起,接受搜查。强盗们分工合作,有的搜人，有的抢物，不断发出威吓的粗鲁语言。刀斧面前，旅客们乖乖地听任摆布，大气不敢出。

还在强盗未登船时，郁达夫已机敏地把身上带的十几块洋钱装入内裤，这是他预备缴纳学费的钱，他格外珍视，所以冒了风险藏起来。钱刚藏好强盗们便过来了，他装作害怕，蹲在行李旁等候搜查。一强盗过来，上前打开他的行装，但见都是些书本，便问：

"你是干什么的？"

"学生。"

"哼，学生，有钱没有？"

"我哪里……"

郁达夫还没说完，又过来一个强盗，猛推了同伴一掌，说："穷学生，理他做什么，快去那头，挑肥的！"郁达夫总算躲过了劫难。

众匪徒把旅客们洗劫一空，连他们的衣服也塞入大口袋扛走。一声呼哨，贼船重又驶入黑暗之中，不知去向。过了好一阵子，船上的人才敢发出哀哀的叫苦声。可在这茫茫黑夜，有什么办法？大家蜷缩着身子商议了半天，也只有一个主意：报官。可是他们谁也没念过书，连张状子也不会写。正为难，看见郁达夫进舱来，眼一亮，这里还有个学生，报官的事就找他吧！

原来强盗搜郁达夫的箱子，见是几本书册，便顺手扔到船头。强盗离去时，只抢了他的铺盖行李和外衣。郁达夫暗自庆幸，他的学费和书籍全都完好。强盗一走，他就赶到船头收拾旧书去了。郁达夫回到舱中听众人说要委托自己报官，便爽快答应："好吧。我就住在富阳城里，我家离码头很近，咱们就去富阳县衙报官。"说罢，他拿出纸墨笔砚，和大家商讨状词，一边早有人卖力地为他研墨。

客船中途不再靠岸，径直驶向富阳。到了富阳码头，天已大亮。遭劫的旅客有的穿着内衣，有的穿着睡衣，还有着裤衩只能披床单御寒遮羞的。这一群行装怪异奇特的人，马上引来众多看热闹的人，强盗劫船的消息也顷刻轰动县城。郁达夫先一步赶到家里，向母亲叙述了一番。母亲听了先是大吃一惊，后听说人没受伤钱未丢失，才念了几声"阿弥陀佛"。可是，去县府告状，总得有件见官的长衫，才算体面呀，偏郁达夫唯一的一件长衫在船上被抢。母亲想了一会儿，出门朝旧衣铺租了一件给儿子穿上，郁达夫这才出门办事。

去见官，郁达夫有一点紧张。虽然已经是民国了，可在他的印象中，官衙门仍是旧时的威仪，何等森严啊。来到县署，见仍是往日的那套建筑，郁达夫不免绷紧了心弦，准备在堂上对答陈词。还没进大门，一个官署的办事员问："你有啥事？""见县长，告状。"郁达夫说。"那好，在这儿等一会儿。"那人转身进了后边，不大工夫出来说："进去吧。"

按那人指示的路线,郁达夫来到后边一间宽敞的厅堂,但已不是过去的所谓"大堂"了。县长坐在一张宽大的桌后,头上也没有悬挂那块写着"明镜高悬"的匾额,在他旁边有张小桌,是文书专用。郁达夫进了屋还没开口,县长就说话了:"我是县长,来找我,是不是为了三江口那桩劫船案?"

"是的。"郁达夫递上了状纸。他心下有些意外,这就算是进了大堂?没有击鼓升堂,没有衙役喊班,一切都和清朝时代不同,看来民国的县长就是不一样,要不为什么我还没开口,他就知道我是干什么来呢?其实,三江口劫船案县城里已经无人不知,那县长也不过是刚刚听说。

县长把状纸草草看了一遍,问:"可有财物损失清单?"

"有,学生已做了详细登记。"郁达夫又把清单呈上,那上边记录了船客们被劫的财物数目及姓名住址。

县长接过清单,看也不看,便连同状纸交给旁边的文书,让他装入卷宗,登记备案。"你先回去吧,等案子破了,再通知你们。"说完不再理会郁达夫,端起杯子喝起茶来。

这就算是办完了"报官"的大事?郁达夫万没料到事情如此简单地便了结了,若有所失地出了衙门。见到船上的旅客们,他把经过叙述了一遍,众人也觉很是无奈,但事已至此,只好听天由命自认倒霉,过不多久他们也就快快散去。

过后,郁达夫又去县署问过几次案情下落,得到的回答都是一样:回去等吧,有了消息再通知你们。他知道这不过是搪塞之词,也不再指望县署破案了。

又过了一段居家自学的日子,郁达夫对现政权全无了希望,对政治的热情也低落到极点。这样,他又一次来到杭州求学(这次是坐白天的船)。杭府中学还没开学,郁达夫因是在校生,得以住进学校宿舍。有了一个收费低廉的立足点,他便开始寻找新的路途了。

第十七章

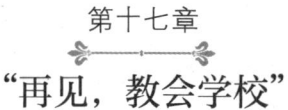

"再见，教会学校"

春回人间。郁达夫受着万物复苏的春天的感染，转学就读的念头格外强烈。他的桌案上已经堆起一摞大学的、中学的招生简章，都是郁达夫从各处搜集到的。郁达夫翻弄着这些简章，反复进行比较、研究，不断地用他那支名为"小毛锥"的小楷笔在简章上头标记着：看得上的学校就写一个"可"字；看不上的学校就写一个"否"字；一时拿不准的学校，便在简章上写"似可"或打个问号。终于，劳神的翻检工作让他觉得乏味了，他把简章一推，仰靠到床上。

到底去哪所学校呢？郁达夫真想一口气就把当时学部规定的大、中学校的课程全都学下来。他开始琢磨一条"捷径"：学理科吗？没兴趣。文科是我的强项，什么时候也不会比别人差。既然理科普遍不受学校重视，而学校所重视的中文又是我的长项，那么，我就专门去读英文吧！英文一通，万事就好办了。

郁达夫从床上跳起，又把招生简章重整了一遍，将所有教会学校的简章抽出，再次细细比较。当时，杭州有势力的教会学校由英国的圣公会和美国的南北长老会、浸礼

会等兴办，其中新建的一所学校是长老会办的育英书院，刚刚改名叫"之江学堂"（1914年更名为"之江大学"）。郁达夫拿起这份简章："好！就考之江学堂。"

年轻幼稚的郁达夫并没有想到这所谓的学堂有名无实，更没想到选择教会学校将会使他离开正规的中学。

不久以后，郁达夫就"如愿以偿"地考入了之江学堂。学校建在山明水秀的江干，校园风景自然十分宜人。起初，郁达夫还很为他选择了这所学校而感到高兴，特别是在这里，英文为主科，他的英语水平一下子有了很大的进步，简直有点让他沾沾自喜。可是没过多久，他就失望起来。学校刻板的生活叫他难以忍受，郁达夫万没料到，这里读死书竟比杭府中学还要厉害。每天早晨一起床，就是祷告，吃饭时还要祷告；九点到十点，是一天中最重要的礼拜仪式，结束后又是一遍祷告。《圣经》是各年级学生必修的重要科目，从头至尾要一字一句地细学死背。礼拜天上午，除非是病得爬不起床来，都要去做半天礼拜。礼拜完后，还是祷告，祷告结束，还要查经书。一天二十四小时，全被学校那数不清的一条一款的规定占用干净，竟留不下多少时间供个人支配。这对于思想活跃、个性突出的郁达夫来讲，成了难以忍受的痛苦。幸好，班里还有两个谈得来的同学，大家感受相同，可以相互安慰。这两个同学一个叫陆一名，和郁达夫一样，当初也是为了学好英文来到这里；另一个叫徐东何，来此念书是考虑教会学校的福利好，因家境贫穷。徐东何很羡慕在学校里念书的那批候补牧师，因为他们的学费是全免的，可他又很难使自己成为一名候补牧师，原因他很清楚，他是无法真的信神信教的。尽管如此，徐东何仍不死心，在学校结识了不少候补牧师。这些人心地大都十分善良，其中一个名叫苏约翰的牧师，善良得简直可爱，是一个连谎话都不会说的人，待人极为诚恳，言谈举止文质彬彬，就是有点迂腐，爱讲直理。学生们都愿意和苏约翰交往。由于有徐东何这层关系，郁达夫、陆一名也常找苏约翰聊天。

但谁能想到，苏约翰这么一个纯洁得像天使的人，居然带头掀起了学校有史以来的第一次学潮。事情还得从学校里那个姓马的厨子说起。这马厨师是个满脸长着横肉的矮胖子，惯于拍校长、教务长等有权人物的马屁，对学生的态度却极为恶劣，所以学生们背地里叫他"屠夫"。却说马屠夫自从有了校长做靠山后，在学校越来越蛮横，为所欲为，公然地克扣学生伙食。有一次，马屠夫在为食堂采购食品时，竟在半路上把几袋大米和两桶菜籽油卸到自己家里，为此学生们都恨透了马屠夫。一天牧师班的人在食堂打饭，有几个人见菜里有羊肉，很不满意。他们平时一点羊肉也不吃的，就要求厨师给换个菜。谁知马屠夫不但不理会，反而出口大骂，声称候补牧师不交纳学膳费就只能吃这个，要不饿死活该。

牧师班的学生们群情激奋。苏约翰劝大家冷静一点：

"南方人不吃羊肉是很普遍的,也许马屠夫不清楚这个。不要紧的,你们冷静下来,让我去找他,把事情讲开也就行了。"说着,他就去找马屠夫。大家哪里放心,都跟着他去了厨房,路上还有不少学生参加,"我们是交纳全额学膳费的学生,更应该找他评理!"

马屠夫面对学生们的质问,起初还有点慌张,但马上又恢复了蛮横态度。怎奈牧师、学生们据理力争,他一人又难敌众口,最后马屠夫恼羞成怒,顺手抄起一只青花瓷碗向苏约翰掷去。苏约翰一闪,瓷碗正打在了一个学生头上。幸亏距离远,只把那人的头砸了个肿包。马屠夫自知理亏,撒腿跑掉了。

这一下牧师、学生们更加愤怒,潮水般涌向了校长办公所在的那座小洋楼。一路上不断有学生加入抗议的队伍。郁达夫听到这个消息时,正在宿舍与陆一名下棋。

"现在好多人都去校长办公楼了。郁达夫,你们去不去?"徐东何问他们两个。

"去,当然去。你先走,我们随后就到。"

徐东何转身跑了,郁达夫急火火地穿外衣。这时陆一名扯了他一把:

"达夫,咱们还是别去。"

"为什么?"

"你想想,找校长评理,是不会有好结果的。你我都是才来不久的新生,在学校没有根基,日后若是校方处理捣乱分子，还不是先朝咱们开刀？"

"什么？你说什么？咱们的同学被人打了，在流血呀。"

陆一名不再开口，低下了头。

郁达夫冲到门口，回过头，说："真没想到，这个时候你还能想得如此周到，冷静得让人佩服！"

郁达夫赶到校长办公楼，台阶前已站满了学生。校长站在台阶上扯着嗓子正在叫喊："……打人是不对的，我一定不原谅他，可是也谈不上'严惩'嘛。至于说他贪污，那就查无实据啦，怎么能随便乱讲。你们到这里聚众闹事就是应该的吗？我们每一个人降临到这世上来，都是有罪的，我们应该祈求主来拯救我们的灵魂。"

听到这里，郁达夫气得脸色发青，他挤到前边，与徐东何一左一右地搀扶好受伤的同学，高声问道：

"把人打成这样，校长，是不是就请主来拯救拯救，让同学们永远不受欺负！"

人群中发出一阵哄笑。"严惩打人凶手！""不许欺负学生！"口号声像涛声一样，阵阵响起。

事情终于有了"结果"：学校张贴出告示，严责少数人蓄意捣乱，煽动不明真相的学生闹事。为了"整饬"校纪校规，学校决定开除一部分"居心不良"的学生。被开除的名单中，有郁达夫，还有徐东何。

趁着学校正上课，郁、徐二人开始收拾行装，准备离开。他们不想在人们的眼皮底下离去,这样可以免去许多不必要的礼节性道别。徐东何收拾好行李,一屁股坐在光光的床板上,念念地说:"想一想也真让人泄气,明明是大家讲好了的,全体学生总罢课,校方不答应条件大家就集体退学。法不责众,只要大家抱成一团,就不怕校长他们耍花招。可罢课没两天,偏偏就有人去复课,我们哪有不失败的道理呢。"

现在郁达夫反而很平静,说:"别想那么多了,在这里成天祷告就够人受的。再说像你我这种人,反正是不可能信教的,既然你当不了候补牧师,注定不能享受免费待遇,还有什么可留恋的。"

"是没什么可留恋的。我就是感到人心难测,你说像陆一名,哪里学不了英文,他也怕得像只老鼠,跟着人家复课。"

"莫提他,咱们和他算是分道扬镳啰。走吧。"

说着,他们来到校门口,一眼看到苏约翰在那儿等着给他们送行,真不知他这会儿是怎么跑出来的。学校是考虑苏约翰在学生中影响太大,所以没有把他这个"主使人"开除。

"达夫,东何,唉,讲到底是我把你们害了。"苏约翰难过地说。

"嗐,苏兄说的是哪里话呀。反正我们也不会信教,当不了教徒,干什么偏要在这里读书呢。"徐东何拿刚才郁达夫劝他的话劝苏约翰。郁达夫却看得出他笑得挺勉强，想必他强作笑脸，也是找不出别的话说了。郁达夫真有点为徐东何难过，像他那样的家境，想找个学费低廉的学校，不容易啊。

告别苏约翰，徐东何邀请郁达夫去他家暂住。郁达夫知道他家并不宽敞，婉言谢绝，自己找了个小旅店住下。就像初来杭州时的情景一般，郁达夫住在小店里，整日与做小买卖的、外出办事的听差之类的碰面。这些人走南闯北见多识广，说话风趣幽默。从他们的言谈话语中，郁达夫了解了很多底层人民的生活内容、思想感情，当然还有他们趣味横生的俚语。这无形中为他日后的小说创作积累下丰富的材料。

这天郁达夫从外头散心回来，一进旅舍，就听店主人说："郁先生你可回来了，有位先生要见你，已经等了半个时辰了。""有人找我，他人在哪儿？"正说着，从郁达夫的小房间里闪出一人，喊道："达夫，是我！"郁达夫定眼一瞧，是徐东何，忙把他再次请入房间，两人促膝交谈。

"达夫，你好自在。难怪难怪，你吉人天相，我也落得沾光了。现在有一桩好事正等着咱们。"徐东何面带红光。

"快讲快讲！"郁达夫许久没遇上好事了，喜笑颜开。

"石牌楼那边有一家蕙兰中学，是美国浸礼会办的。

这家学校的校长答应让咱们转到'蕙兰'念书，你说这不是大好事吗？"

郁达夫犹豫道："又是教会学校？我们可是让教会学校开除的人呀，他们还愿意收？"

"嘻嘻，人家就是要收咱这被除名的人。不光你我，所有被'之江'除名的学生，人家都收。谢天谢地我们总算又有书念啦，明天就可以去'蕙兰'报到了。"

既然杭府中学去不成，就再念教会中学吧，好歹还有英文可学。郁达夫主意下定，次日就和徐东何一块前往蕙兰中学报到。在那里，他还见到其他被"之江"除名的人，差不多全到了。新学校的校长是一位十分和蔼、坦率的人，他特意致辞欢迎新同学来"蕙兰"读书：

"你们以前的事情我已经听说了，可以说你们的所做所为，是为了正义为了自由的勇敢举动，这一点和我们美国人的精神和我们蕙兰中学的精神是一致的。所以，我代表学院，欢迎你们这些勇敢的年轻人来这里读书，学校将给予你们最优厚的条件。"

一阵掌声后，郁达夫等人就算是该校的学生了。待安顿好一切之后，老同学还领了大家参观学校各处。吃过晚饭，有人来通知：新生到教务长办公室去，教务长要训话。老同学听罢，全摇头走开，有的还说了句"洋狗又要叫唤啦"。郁达夫等听不明白。待到他们见了教务长，马上明白了：原来这家伙是个典型的洋奴，对外国人奴颜婢膝，对中国人趾高气扬，怪不得大家叫他"洋狗"。洋狗挺着胸脯坐在宽大的靠背椅上，尖声尖气地训了一大篇话，要求新生们要像感谢主一样，感谢洋人的大恩大德：

"要不是洋人开恩，你们这些被除过名的学生，今生今世还有书念吗？从今以后，你们要给我规规矩矩的，不许再惹是非，否则你们会后悔的。也许你们还不知道我这个教务长的厉害，谁要不信那就试一试好喽，到时候可不要怪我事先没和你们打招呼。"

新生们迈着站酸了的腿，怀着沉重的心情回到宿舍，一晚上，谁都没有睡好。

再次过着索然无味的刻板生活，郁达夫简直痛苦不堪。在教务长的高压之下，学生们虽心怀不满，却没有一人敢站出来斗争，至多只是在作文里发些满纸"呜呼"的牢骚。可随后批改作文的国文老师就明令禁止在文章里"呜呼"。校长提倡的自由精神，已被他任用的下属压制得荡然无存。郁达夫试图使自己麻木，但做不到。"树欲静而风不止"，一位姓孟的老师把他叫到了办公室。

这是一间不大的屋子，正面墙上悬挂的十字架与小书橱内摆放的《资治通鉴》《昭明文选》等线装书形成强烈对照。书桌上，黄铜墨盒、黑石砚台、檀木笔架被摆放得整齐有序，一叠水印浅纹花草信笺与一册《圣经》被并排摆在案面的左手边，看得出桌子的主人十分精明细致。

孟老师笑着请郁达夫落座，说："喝杯咖啡？"

"我习惯喝茶。"

"那就喝点咖啡试试,我给你加点糖,在这里最好要习惯喝这东西。"孟老师一边夹方糖一边问,"我看过你的履历,我也是富阳人,只是家在乡下,小地方。"

听说孟老师是同乡,郁达夫倍感亲切。

"我知道你在春江书院念过书,有位教国文的孟老先生你可认识?他是我的堂叔。"

"是吗?"郁达夫惊喜得差点泼洒了手里的咖啡,"孟老先生教过我的,孟先生,这真太巧啦。"

孟老师微笑着坐到桌后,说:"既然我们是同乡,我自会关照你的。你出来念书,有什么打算呢?"

"上大学。来之前我在之江大学读书,可是被除了名,这您是知道的,但我还是想考大学。"

"嗤,"孟老师露出嘲笑的表情,"之江?那也算是大学?有名无实,不过是骗人的招牌。论师资论学风,还是咱们这里好。上大学是个好志向,有机会我会考虑推荐你的。"

郁达夫喜出望外,正想站起来鞠躬致谢,孟老师先站起来,在屋里踱开了步,说:"不过你也要帮帮我。教务长那个人你也晓得,已经惹得民怨沸腾,校长对他颇为不满,所以近来对我倒很感兴趣。我呢,还要在校长那里下下功夫,以后,教务长那里也好学生们那里也好,凡是你知道的情况都要向我汇报,我需要了解各种对学校不利的情况!"他把"情况"二字说得很重。

原来是要我充当奸细!郁达夫脑袋发胀,孟老师的话一时都听不见了,只听到他来回踏得木板咚咚作响。不,我不要做奸细!他突然脑筋一转,说:"可是,我不方便老上您这里来,人家会起疑心。"

"那有什么,学生见老师,老乡找老乡,人之常情嘛。你放心,日后我当了教务长,莫说推荐你上大学,就是推荐留洋也能办到。怎么样?回去好好想一想。"

郁达夫回到宿舍,一头扎到床上。他没想到教会学校也充满了尔虞我诈的权力斗争,外表圣洁的校园原来是块险恶之地。巨大的污辱感使他在心里喊道:"我才不要做奸细!"

到底,郁达夫没再找过孟老师,任凭孟老师的那双小眼怎样深不可测地审视他,他也没再理会。郁达夫已对这所学校彻底失望,准备离开这里了,哪里还会顾忌孟老师会怎么样。临近暑假,他已经订下了一个自修的计划,他自信,在家自学会比在这种教会学校念书进步更快。到时,不会再有奴化教育,不会再被心地肮脏的人打扰,心里只能更为舒畅。反正,英文第三册的文法已经学完,再待下去也没必要了。郁达夫为自己私下制订的这个大胆的计划激动得难以自持。

考试头几天,郁达夫又上书市买了几本自学用的书。考试一结束,他便整好行装,回家去也。

他永远不会忘记那个晴天的下午，世界在他眼里又变得如此美好。他雇了个脚夫挑着行李出了校门，心情畅快极了：教会学校，再见啦。

跟在脚夫身后，郁达夫一路西行。走出杭州城的候潮门，直奔江干码头，他心潮澎湃：教会学校啊，你这座变相的牢狱，以后你还能再压迫我吗？我终于解放啦，以后我要凭着自己的努力，为个人的远大前程而奋斗！教会学校，让我们比一比，看看将来，是你的成绩好还是我的成绩好！

这是一种充满了希望的喜悦，郁达夫觉得，这喜悦比他初来杭州时的那种感觉，来得更为强烈，更为充实。毕竟，他自己解放了自己。

第十八章

去国

重回乡里,再度自修,郁达夫整日整夜蛰居在他那间小书斋里,如饥似渴地阅读父亲和兄长的藏书。当然他还时常主动接近农民,结交了不少农民朋友,了解到不少农业生产、农民生活及不少迷信活动、婚嫁寿庆方面的知识。(当时他所看到的农村,是赤贫、无知的农村,中国农业已濒临破产。这使他在以后的许多作品中,表现出对农民强烈的同情及热切地寄希望于革命的倾向。这是后话。)眼下,郁达夫的头脑里不仅装着活生生的现实,更有浪漫色彩浓重的幻想。他读起了小说。古今中外的小说郁达夫都读得如痴如醉。时间一长,他那支写惯了旧体诗的笔,不由自主地写起了小说。也许是希腊罗马故事、《圣经》、莎士比亚作品读多了,他这时的小说充满了欧洲中世纪的色彩。当然,他除了杭州,还没出过远门,更不必说出国了,他的洋味十足的小说,一半是现实,一半凭想象。

在郁家斜对面,有一处院子套院子的大宅邸。宅中住着一个姓金的寡妇,她继承了丈夫的大笔遗产,享用不尽。金氏身边有两个女儿,年龄与郁达夫相近,长得都还不错。郁达夫推开楼上的窗子,可以看到金氏宅院的一角,有时还能听到两位小姐的欢笑声。郁达夫的母亲与金氏关系很好,所以尽管两家贫富悬殊,却也一直有交往。郁达夫自从见过那两个女孩后,不禁想入非非,但这位十七岁的少年,把他的想入非非更多地反映在了自己的笔下。在他的想象里,对面的深宅大院变成了欧洲中世纪的城堡,而金氏和她的两个女儿,则是住在城堡中的贵妇人和贵族小姐。他,郁达夫,不再是瘦小的穷学生,而成了惩恶扬善的勇敢骑士。

"骑士"手中的毛笔上下挥舞,笔走龙蛇地编织着动人的故事。一个美丽的春天,两位贵族小姐外出游玩,不觉间远离城堡。忽然,一伙强盗出现,他们要劫走两位小姐,做他们的压寨夫人。危急中,他,骑士闻声赶到,只见他头顶带绒毛的头盔,身穿银色铠甲,左手持画有族徽的盾牌,右手握带着护手的长矛,腰间一把利剑,胯下一匹骏马,强盗们吓得……不不,写几个蟊贼太没劲了,毛笔唰唰几下勾去前文,改写上千海盗闻知两位小姐的美貌,突然包围了城堡,扬言不交出美人他们就踏平城堡。刚刚守寡的伯爵夫人(就是金氏)求遍城中的武士,可没人敢出战。夫人只好宣布,谁能退敌,两个女儿由他挑选做妻子。但还是无人敢应。这时城外传来清脆号角,骑士出现,与海盗们厮杀。城堡上观战的小姐们紧张地捂住眼睛,待她们再看时,海盗已被杀退,人们正忙着捡拾海盗落下的兵器。骑士骑着白色骏马进城来啦,在百姓的欢呼声中,小姐们撩起长裙,快速迈动碎步下了台阶……

出于好感,出于幻想,郁达夫喜欢随母亲去金氏家作客。不过那两个女孩很少作陪,有时坐一会儿便借故离开,这很让郁达夫怅然。金氏看出点苗头,放出话风:我的两个女儿将来是要嫁给贵人的,郁家想和我们结亲,那是休想。其实,郁达夫只是沉溺在幻想之中,未必非要娶金家哪个女儿为妻。然而当他听到金氏放出的话后,很受打击,因为幻想被打碎了。他想起西方一则民间故事:某公主夜夜听见宫墙外传来的笛声,美妙的乐声打动了她。她登楼观看,发现吹笛者是一青年渔民。公主心生爱慕,发出爱的信号。一天,公主终于来到青年身边,可当她闻到青年身上的鱼腥气后,又皱着眉头离开了。

郁达夫烦闷了,焦躁了。为了发泄为了排遣,他在楼上的小屋里,大段地背诵着莎士比亚剧作里哈姆雷特王子的独白台词。朗诵惊动了母亲、祖母和翠花,她们聚在楼下倾听。因郁达夫朗诵时不断夹杂着英文原词,更使她们感到怪异可怕。

"莫不是这孩子中了邪魔?"祖母道。

"都是让对门那两个女孩子害的。"母亲自认为知道儿子的"病根"。

"那就早点给他娶亲。"祖母的话让陆氏和翠花点头称是。陆氏上楼用祖母的意思劝说儿子,哪知儿子一本正经地说：

"娘，我没有事。真的，我怎么会为那两个女孩……结婚的事我还从来没想过。放心吧，我没有事的。"

陆氏忧心忡忡。以她的经验，凡是神经不正常的人，都说自己没事。唉，看来这孩子真着了魔啦。

是长兄郁华的回乡，结束了郁达夫居家自修的生涯，也让母亲陆氏从焦虑中解脱出来。九月间，任京师高等审判厅推事的郁华（郁曼陀）被派往日本考察司法制度。他决定带上妻子陈碧岑、弟弟郁达夫前往日本留学，为此他专程回乡。母亲正为郁达夫的"魔怔"着急，一听说带小儿子去日本，而且学费生活费全由大儿子负担，认为这正是解救郁达夫的绝好机会。听母亲叙述完弟弟的"病根"，郁华半信半疑，但还是体贴地宽慰母亲道："娘只管放心，我们很快动身。到了外面，保险三弟天大的事都会忘掉。"

在一个秋高气爽、晴空浩荡的早晨，郁达夫带上几册线装的旧书，穿了一身半新的夹服，跟着哥哥轻松上路。在他心目中，出洋读书原本也是很自然的事，如果哥哥不带他走，他迟早也会自己出去的，因为他已经自学了很多东西，学力大增，需要到外面进一步提高，而国内的教育早让他失望了。所以，这次出门他丝毫没有背井离乡的伤感。

兄弟二人先是乘船到了杭州，随后又坐火车来到上海，住进西藏路一品香饭店等候远航海轮。一品香饭店的菜肴很可口,而且以"西菜中做"著名,如这儿的煎牛排火候足,不似一般西餐馆那样还带着血丝,半生不熟。也许是这个原因,一品香成了当时文人爱去的地方。在这里,郁达夫见到了长嫂陈碧岑,他们很快就熟识了。叔嫂俩都是初次去日本,而郁达夫还是初次到上海。

已然是秋天了,上海街头的梧桐树叶开始发黄,可是在这个中国第一大商业都市,看不出一点点的萧索气象。鳞次栉比的商店、车水马龙的街道,充分展示出这个城市繁华。街头除了小贩和乞丐站立不动,所有人都在迈动双腿匆忙赶路。这种步调若是在富阳,只有发生了什么大事情才会出现,可是在上海,几乎人人如此。郁达夫看着人们在街上匆忙的样子,初时有点心惊肉跳,继而又变为不解,是什么叫他们这般急切,日复一日地奔走?他们居然能吃得消?也难怪,莫说富阳小城,就是杭州城内,也见不到这般景象。仅仅从火车站到旅社这一路,喧闹杂乱的商业街市就让郁达夫头晕目眩;而行走在被幢幢高大洋楼夹着的窄小街道上,又让他压抑得难以透气。到了饭店,已是华灯初上,郁达夫与兄嫂吃了点东西,便一头扎到床上,他不是休息身体,而是休息脑子。

迷迷糊糊地睁开眼,郁达夫看到夜已黑透,床头的小柜上放了张纸条,是郁华写的,说他们出去拜会朋友,很快回来,要郁达夫出门千万不可走远,免得迷路,上海滩什么人都有,务必小心,等等。初次领略到大上海的威力，郁达夫只觉得被重重地击了一下，现在经过休息，脑筋开始清醒，可身子又上来了乏劲。因精神亢奋，他还是逼迫自己从床上跳起来。

推开房门，郁达夫信步走到宽大的阳台上。这里眼界开阔，可以凭高瞭望。远近灯火五颜六色，顿时叫郁达夫明白身处何地。令他惊异的是，上海这十里洋场，夜晚的嘈杂丝毫不让白昼。富阳入夜，寂静无声，难得看到灯火；杭州城的夜晚，偶尔可听见丝竹箫鼓声，那洞箫与拍板和谐的奏鸣于轻风中徐徐飘荡，断断续续若隐若现，叫人猜想是从哪处深宅大院传出。而上海滩则全然是另一副面貌，远远近近大大小小的灯火楼台，留声机、扬声器一齐发威，把声调怪异节奏奇快的西洋乐曲夹杂着送上天空直冲云霄，让人不得不听。汇成片的洋乐中间，间或有越剧、京剧的曲声显现，可在如此环境之中，都变了味道。

斜倚在栏杆上，郁达夫感慨万千：和这里相比，家乡简直就像隐藏到荒烟蔓草里头去了一样。可是，上海这不夜之城、销金之窟能说明什么呢？国家应该是这样吗？社会应该是这样吗？似这等昏天黑地般度日，难道就是人生目的？金钱的争夺、罪恶的昭彰、精神的颓废、欲望的横流，虽不会让苍天坠落大地塌陷，可是人生要是这样的过法，怎么可以呢！

尚未年满十八岁的郁达夫，并不清楚眼前糜烂的物质化世界，是帝国主义的经济、文化侵略造成的，是中国愚昧落后软弱腐败的现状招致的。他更指不出社会应向何处去,自己应该怎么办,但无论如何,他都坚决认为:社会的归宿、做人的正道,绝不该是这个样子。

感慨尚未发完,郁达夫就听见推门声传来。大哥郁华领了两个朋友急匆匆赶到,说:"三弟快跟我们看戏去,到天蟾舞台。"

见郁达夫犹豫,哥哥又说:"是著名小旦贾璧云的全本《棒打薄情郎》,名角的拿手戏。走吧,碧岑还在下边等着呢。"

"小老弟,不爱看戏也要见识见识天蟾舞台嘛。"

"什么?天色晚啦?告诉你大上海的夜生活才刚开始。"

郁华和朋友们连拉带哄把郁达夫拥出房间。

后半夜郁达夫才回到一品香饭店,再次扎到床上。这回他已身心俱疲。今晚虽未尽尝上海灯红酒绿的夜生活,也算领略了一番。舞台上晶亮的灯光、衣着鲜艳的演员,与舞台下摇动不休嬉笑不停的观众们共同营造出了上海特有的颓废风气。置身其中,郁达夫感到自身的力量太小、太弱,莫要说改变什么,他连抵御的力气都快丧失。事实上郁达夫并未放弃初衷,并未将他几个小时前对上海社会的批判推翻,由一个理想主义者突然变做享乐主义者。但舞台上那富于挑逗性的表演,对这位涉世未深的乡间少年,一下子刺激太大,使他一时间感到迷惘。偏偏郁达夫从来不善与人交流，任何事都要隐在心中，独自消受。如果他把想法、感受与兄长谈谈，或许大哥能帮他正视现实。他却头脑纷乱地独自挣扎，连自己都认不清自己，竟认为自己要与那些丑恶同流合污了。

辗转床间，郁达夫觉得自己所眷恋的富春江畔的清丽女孩越来越远，变得小而又小，而那些脂粉浓厚的女人越来越近，一张张嘴唇血红的白面孔几乎占满了视野。郁达夫自感无路可逃，束手无策地等候灭顶之灾。他是带了毁灭感昏沉入睡的。

几天之后，郁华办好船票并购买了一些物品，赴日行程最后得以确定。又是一个蒙蒙亮的早晨，郁达夫与兄嫂乘马车来到杨树浦的江山码头，登上了远洋海轮。

轮船慢慢地驶出黄浦江，冲入了大海。此时太阳已经升高。郁达夫穿着大哥为他买的半新的制服，站立在船的后甲板上。他的长衫已收起，在日本留学生是不兴穿长衫的，他们要么穿黑色学生制服，要么穿灰色中山套装，基本就这两样。郁达夫还不习惯戴帽子，因而把帽子紧紧抓在手里，听任强劲的海风乱拂他的头发。

眼看着，祖国的陆地渐远，变成了一条细线，缩成了一个小点，终于落到了海平线以下。郁达夫很奇怪，"我怎么一点离乡去国的伤怀都没有呢？比起三四年前初去杭州时那种伤感的情绪，这一回倒好像是在回国的途中那么平静。唔，大约是因为沉闷的生活过得太久太久，两年来的蛰伏自修,已把我的恋乡之情完全割断了。"

轮船破浪而行。郁达夫并未意识到,他的长达十年之久的留日生活,从此开始了。

第十九章

骨肉天涯

海上的生活令郁达夫兴奋不已。他虽不多说什么，但人就跟走马灯似的那么忙碌。白天，他有时间便站到船楼上，好好呼吸海阔天空的自由空气。傍晚时分，他站到甲板上，出神地观看太阳落入大海的壮观景象。那时的太阳那时的大海，只有两个字可以形容：伟大！夜半醒来，他也摸索着披衣步出舱房，到甲板上尽情欣赏天幕上的星星。在船上仰观繁星，比任何一个地方都开阔。在这里除了脚下的大海就是头顶的夜空了，而星星们，也比任何地方看得要清楚得多，清楚地使人产生错觉：挂在头上的星星，似乎伸手就可以摸到。

轮船驶过黄海，进入了一望无际的公海。郁达夫深深地感受到海天一碧、鸥鸟为伴的那种获得解放的心情。他第一次在大海上生活，立即与大海结为了最好的朋友，他太喜欢大海，太喜欢海上的生活了。在这里面对大海，他可以尽情做他喜欢的事情：登高望远，独立思考。这里甚至更激发了他留恋大自然、讨厌人世的倾向，当然这一半是由于他天性有点孤僻，另一半则是因为大自然的无尽美妙让人无法抗拒。

轮船在日本长崎港口停泊了半天,这里是日本西部的通商口岸,小岛纵横、山青水碧。郁达夫在这里初次见到了日本的文化、习俗与民风。当天晚上,船又驶到明媚如画的濑户内海。这一路上的风景,郁达夫只看得如痴如醉。曲折蜿蜒的海岸、起伏不平的山峦,能生出无穷的景致。各种树木苍苍翠翠、披满山坡,千姿百态的岩石错落有致地横陈在海边、山谷、溪涧,山林中哗哗的河流、叮咚的溪水总在人看得到或看不到的地方作响,而沉寂无声的清水潭和愤然轰鸣的瀑布又常常成双成对地出现在人们眼前。年仅十八岁的郁达夫,多愁善感,怎抵得住大自然的诱惑?

"莫非,莫非造物主有意在大海当中,造出这座自然花园来玩赏吗?"他对大哥说道。

"三弟要有兴趣,"郁华对弟弟又是一阵怜爱,主动提出,"咱们上岸后,不妨由神户去大阪,去京都,去名古屋,再到东京,一路上可以游历日本的主要都市,领略日本的古迹和商业。"

郁华的提议引得郁达夫、陈碧岑欢呼起来。"さんせい!さんせい!(赞成!赞成!)"他们用刚学到的日语呼叫着,不纯正的发音引来同船日本人的注目。

一路上且玩且走,郁达夫开心极了。长兄义务充当了讲解员或导游的角色,告诉郁达夫和陈碧岑,大阪是日本的商业之都,大阪人好做生意也会做生意,这一点与中国的山西有点类似。而古香古色的京都，是日本传统文化的代表城市，作为旧朝帝都，雍容得略显迂腐。有郁华的解说，叔嫂二人增长了许多见识，阅历大增。

他们来至东京，在小石川区租了房子住下。此时已是十月末了，天渐寒冷，风吹得人身上起鸡皮疙瘩。而郁达夫仍穿着单衣，长兄负担着三人的食宿费，经济紧张，拿不出钱来添加衣裳。想起在杭州念书时收到母亲寄的寒衣，郁达夫这才有了孤单感与思乡情。

毕竟是在日本，生活变了，环境很陌生，周围的人全都哇啦哇啦地讲日本话，听也听不懂，即便碰上个中国人，只要他讲日语也分不清是不是同胞。这叫郁达夫怎能不孤单？秋风阵阵，枯黄落叶在地上随风滚动。郁达夫在小树林里徘徊许久，终因身上寒冷，不得不回到"家"，蜷缩于"榻榻米"上。这哪里是家，分明是一所没有枷锁的牢狱嘛，虽然没有哨兵看管，却不得不把自己囚在这里，想到树林里多待会儿都不能够。郁达夫苦恼地想着，又抬眼环视屋内。居室很小，按日本人的生活习惯，室内一切用具简洁到了极点。他原本带来的东西就少，全放入壁橱也没问题，可这样一来小屋就大有空荡之感，在郁达夫眼里，斗室更像囚室了。心境转恶，怀乡病驱得他吟出一首题为《乡思》的七言绝句：

闻道江南未息兵，家山西望最关情。

几回归梦遥难到,才渡重洋已五更。

看到《乡思》,郁华为弟弟担忧道:"三弟,怎么如此消沉呢。出国学习的人,怕是没有不思念家乡的,当初我也是有的。可你才出来,往后日子还长,不要想家想断了肠啊。实在排解不开,找我来聊聊。"

哎呀,郁达夫痛苦得几乎喊出声来,找大哥聊聊么?要知道,我的苦闷我的伤怀,原因不单单是身处异国呀,那其中也有你这个时时处处关怀着我的大哥呢。我怎么与你聊?抱怨没有行动自由,处处要受大哥你的监护?抱怨经济上太艰苦,要已经节衣缩食的大哥为了我更加节衣缩食?原本就惯于沉默的郁达夫,变得更不喜言谈,可他的内心波涛翻滚。他来到大海边,面对着没有际涯的碧水,心情稍有平静。只有大海,才能容纳他的心潮。面向西方,海对岸就是故土,虽然远得看不见,可郁达夫觉得能从海风中嗅出迎面刮来的乡土气息。富有诗人情怀的郁达夫,此刻可以无诗吗?在惊涛拍岸声中,他在腹内又打就了一首诗稿:

海天浩荡望神州,苦忆江村旧酒楼。
犹记离乡前夜梦,夕阳西下水东流。

不久,郁达夫进入一所名叫"正则"的学校学习日语并补习中学课程。实际上这是补习初级中学功课的地方，属于预备班性质，在这里学完后，便可以报考日本的高等学校。所谓高等学校并非大学，而是相当于今天中国的高中。但那时候中国政府和日本有"五校官费"的协定，即东京第一高等学校、东京高等师范学校、东京高等工业学校等五个学校，凡是考上这五校的中国留学生，就会成为官费留学生，食宿费学费均由中国政府发放，这笔钱则从"庚子赔款"中支拨。因此，人们习惯称上述五校为"官费学校"。考入这五所学校的中国留学生，与日本学生同堂读书，三年毕业，再入大学。"官费学校"是几乎所有中国留学生奋斗的目标，因此竞争激烈很是难考。郁达夫在正则学校学习特别用功，自他来日以后，左思右想，觉得自己唯一的出路，就是早日学好日语，尽可能考上"官费学校"，这样就有了独立的经济来源。

每天清晨五点钟，郁达夫就从床上爬起，先到附近的草地上高声朗读日文初级课本，诸如"上野的樱花已经开了""我有许多朋友"，等等，一念就是两个多钟头。到了八点，他便嚼着面包步行三里多路，赶到神田的正则学校补习功课。午餐和晚饭，他都是在学校旁一家牛奶店里用，吃最便宜的东西。晚上，还得上三个小时的日语课。这种日子，比在杭州读书时还要清苦，但郁达夫并不在乎，要命的是天气一天冷似一天。郁达夫日日赶路，一双皮鞋前边开口后边穿孔，就怕碰上雨雪天。因为东京属海洋性气候，冬天较温暖，雪花飘落到地上立刻融化，地上变得泥泞不堪，每逢这时郁达夫就狼狈得很。而呼啸的北风，又总使郁达夫感觉自己和裸着身子差不多，因为他现在仍然穿着那套在上海做的夹呢学生装。幸亏他遇到一位曾在日本士官学校念过书的同乡，送给了他一件陆军制服，靠了这件厚实些的衣服，晴天作外套，雨天作雨衣，郁达夫才算勉强熬过来日本后的第一个冬天。

枯燥艰苦的生活里，唯一能给郁达夫带来安慰与温暖的人，恐怕就是嫂嫂陈碧岑了。陈碧岑比郁达夫大三岁，来日后进入东京锦秋高等女校学习。这叔嫂二人的日语水平相同，初到日本都是一句日语也听不懂，所以两人常在一块学习日语。陈碧岑在家烧饭时，常听郁华与郁达夫兄弟二人谈论国事新闻，纵论历史人物，切磋诗艺，她慢慢地也学着作起诗来。这样，叔嫂二人又开始谈论诗词，相互促进。郁达夫发现嫂嫂学习用功刻苦，人也很聪明，没多久，诗已经写得挺像样子。

在郁达夫的眼中，陈碧岑不但是他的嫂嫂，还是他的姐姐，情同手足。郁达夫为了学业和时间赛跑，短短几个月就补完了中学的全部课程，可他也累出大病，咳喘不止。是陈碧岑在生活上照顾他，煮汤熬药。病中的郁达夫，情绪极易紧张不安，也是陈碧岑不断安慰、劝解他。这天郁达夫发现哥哥神情凝重，不由心里胡乱猜测：

"嫂子，嫂子，大哥有心事呢，为什么？"

"病刚好些,管那么多干吗,哪里就有事了?"陈碧岑劝说。

"有的有的。"郁达夫想起才到日本时,一天他与陈碧岑出去到上野公园游玩,因语言不通,回家迷路,很晚才找着住处。郁华在家里惴惴不安,见到他们不由恼恨非常。当时大哥的脸色就是这样子。

陈碧岑经不住郁达夫再三追问,只好悄悄把奶奶托人写来的信与他看了。郁达夫看罢,泪已满面,思乡的心情更重。当晚,他不出声地爬起来,盘坐在小矮桌前给祖母写信:

"奶奶:长久勿见面了。想想看,实在是想归来。因为夏天路上勿好走,并且回来了之后,又要到日本来,恐怕到了那时候,奶奶又要心酸,所以勿回来了。

"奶奶无钱使用我也知道。但是我在日本,寄钱又寄不来,并且我也没有多少钱寄予奶奶。我虽然为奶奶伤心,然而也不能为奶奶出力。"

写到此,郁达夫一阵揪心。他知道,奶奶来到郁家后吃了不少苦,没过上几天好日子。她三十一岁时就守了寡,她自怨命苦,从此吃素念佛。那时父亲才六岁,是奶奶一手把他拉扯大,直至他读书成婚。听母亲说,她嫁到郁家那年的除夕之夜,奶奶把全家的收支账目和现款交给了她,让新过门的儿媳掌管家务,从此后不再干预家事,专心念佛。她对什么事都不关心,仿佛与尘世真的脱离了一般，只有对这三个孙子是例外，他们兄弟有个小灾小病，奶奶也会痛得如同刀子剜肉。当年大哥留学日本，她一反常态地站出来反对，生怕她的长孙漂洋过海时遇上危险，是母亲坚持要大哥留学，她才作罢。为此，奶奶伤心地大哭了好几次。想到自己无钱寄给奶奶，郁达夫忆起小时候他上学以后，奶奶几乎每天悄悄塞给他三枚小铜钱作为零用。奶奶哪里来的钱？无非是她偶尔为有丧事的人家念佛，赚几角小洋。奶奶自己一个也舍不得花，全部换成铜板，留起来给她的小孙子用。可直到现在，他郁达夫仍不能把一小枚铜板塞到奶奶那双干枯的手里。他又怎能不倍感伤怀？郁达夫继续写：

"今年大哥似乎想要回家，到了大哥将要回家的时候，我叫大哥私下交付五十元钱与奶奶就是了。"

郁达夫一想起母亲近来脾气愈加不好，就为家中的奶奶担心。虽然他们兄弟从小就见过母亲与奶奶闹别扭，而且每次他们都默默地站在奶奶那一边。可是郁达夫清楚，母亲从接过那本家庭财务收支账以后，就没有轻松过一天，什么事都要操心受累，况且近几年家中状况时好时坏，也难为她了。于是他笔锋一转，劝道：

"奶奶顶好勿要管母亲的事体，随她去说长也好，说短也好，总要装聋装哑，勿去听她就是。"

郁达夫含着热泪把信写完。他没有更多的精力为老家的事情分心了，大哥就要回国，他得抓紧时间复习功课，争取考上官费生。郁达夫不愿长时间接受大哥的资助，再说经济独立不仅能减轻家庭负担，也能使他在外边获得更大的自由。

来日后第二年，夏季招考临近了。郁达夫尽全力准备功课，学习日语，为此，原本每天晚上十一点睡觉的习惯也改掉了。岂止是改了，有时他还得通宵地学，困极了就用夹子夹一会儿眼皮，真的是"头悬梁锥刺股"。他常常熬到附近炮兵工厂的汽笛声响起，这是早晨五点钟为通知工人下夜班而拉的汽笛。艰苦的学习生活并未把体弱多病的郁达夫拖垮，他觉得这与学校附近那家牛奶店的日本姑娘有关系。那姑娘是店主的女儿，很白，也很温柔，一笑便露出一口白瓷般的牙齿。她见郁达夫每天来店就餐，总买最简单的食品充饥，暗暗心生同情，常悄悄地多给郁达夫盛些牛奶，算作对这位异国学子的帮助。待到郁达夫发现常冲他微笑的日本姑娘的暗中照顾，内心特别地感激，问道：

"你叫什么名字？"

"我叫阿雪。"

"阿雪，多么动听，好纯洁的名字啊。"郁达夫心头充满暖意，身在异乡能遇上这样一个好心人，他觉得生活又多了一些意义。不知怎的，他学习起来更加有劲头了，因为每天都能见到阿雪。

拼死的努力，总算换来了相当的报酬：在竞争激烈的东京第一高等学校（简称"一高"）的入学考试中，郁达夫到底占有了一席之地，考入了"一高"的医科预备班。"一高"是名牌学校，预备班则是帝国大学的预科，每年报考医科预备班的人达三四百，而录取名额仅十二人而已。多不容易啊，连才华出众的郁达夫为此都累得像脱去了一层皮。

与此同时，郁华接到了国内任命通知，受命为北洋政府大理院推事。很快长兄便偕夫人陈碧岑回国了。

秋后，郁达夫收到长嫂陈碧岑来信，略述了家中事情，并随信附了《寄怀达夫弟》诗二首：

犹忆当时同作客，哪知今日独思君。
一家羁旅留京国，千里音书望暮云。

扶桑西望是长安，横海风波道路难。
何日小屏红烛底，相将斗句理盘餐。

见了信及诗，郁达夫不免唏嘘感叹一番。他想，长嫂慈爱贤惠依旧，今又成了能吟诗赋词的女才子，真真儿可喜可贺。心情一好，他欣然提笔作诗回赠，即《奉答长嫂兼呈曼兄》四首。其中有两首还是步长嫂诗原韵的唱和，又动情又放达：

昔年作客原非客,骨肉天涯尚剩三。
今日孤灯茶榻畔,共谁相对话江南。

何须指日比长安,春水灵槎会岂难。
删去相思千万语,当头还是劝加餐。

第二十章
"知我者,郭开贞也"

自从送别了兄嫂,又领到了自己的官费,郁达夫就与家庭、亲属结束了经济依赖的关系。自立了,可以不再给家里增添负担了,这是他多年的愿望,而今终于达成,郁达夫欣喜中只觉得浑身上下都轻快了许多。自由啦,原来自由竟如此美妙如此可爱,对一个人的身心竟如此有益。现在,郁达夫尽顾忘情品尝自由的甘甜,哪管什么日后的潦倒漂泊。他没想到,脱离家庭管束也能给人带来难以描述的轻松与舒适。郁达夫,这匹才脱缰的马儿,颇像风筝刚断线时,乘着劲风向高空升腾,悠然自得,还没有尝到飘忽坠落时的痛苦乃至恐怖。

初时,郁达夫四仰八叉地躺在榻榻米上,宁静舒畅令他每个细胞都松弛无比。这里再也听不到祖母、母亲的絮絮叨叨和劝导训诫,也没了兄嫂的管束与关照,一切行动听凭自己,实在是妙不可言呀。不是吗?前不久报考"一高",他本意要学文科,是长兄一再劝说,才改报医科的,自古以来就是弟弟听哥哥的,而哥哥听弟弟的则少之又少。

不过时间一长,郁达夫一人仰卧在斗室里,便渐感兴味索然。虽说他还是深感自立的生活过得舒心,可长时间的独处,孤寂总归是挥之不去的。郁达夫对学习颇为认真,除了攻读专业外,他还勤奋地学习德语,因为在日本学医就必须学德语(一段时间内留洋学医的留学生回国后分作两大派,留德的为德国派,留日的为日本派,但他们都会德语,原因就是日本的医科学校开设德语课)。郁达夫可以一头扎进书本里忘却天下事,但毕竟还得从书堆中把头拔出来。每逢这时候,郁达夫就强烈地感觉到人的社会性是多么的根深蒂固,即便像自己这样不善交流外表冷淡的人,也一样需要与人交流。

和谁交流呢?这幢房里住了不少中国学生,但没有一个郁达夫看得上眼的。这些留学生多是那类留而不学的浮浪子弟,整日呼朋引伴吃喝玩乐。在他们心目中谁家门第高谁家财产多,谁就是值得尊崇值得追随的人,谁就在这个圈子被奉为中心。至于学业,他们根本不放在心上,出国留学等于在泥胎上镀了层金,日后只要打着归国留学生的名义就能招摇撞骗,重要的不在于学业精否。决不能说这帮人没有脑子,这种人在及时行乐当中,照样极尽钻营之能事,他们称兄道弟,互相吹捧,甚至拉帮结伙各立门派。

郁达夫有他的政治抱负、人生理想,他也希望将来能跻身上层去施展一番,但他抱定的还是老一套"学而优则仕"的路子,所以郁达夫与那些比邻而居的留学生们格格不入，避之犹恐不及。每次他们邀郁达夫同去游乐，郁达夫总要推托：

"不行，我还有好多功课要做。"

"要考试了，我得准备准备。"

遭到几次拒绝后，那些人不免产生看法："什么达夫，一点也不通达，简直是迂腐！"

其实郁达夫以学习为由不与他的邻居深交，自有缘故，并非全是支应的虚词。一来他爱学习，需要学习；二来他要在功课上和那些个看不起中国人的日本学生比一比，争口气。

物以类聚，人以群分，时间不久，郁达夫就注意到"一高"医科预备班的一名中国学生。此人名叫郭开贞，四川乐山人氏。1919年郭开贞首次发表新诗，署名"沫若"，并以此为号，意在不忘故土，因为他家乡有两条河，一条叫"沫水"（大渡河），一条叫"若水"（青衣江）。从那以后，郭沫若的大名开始在文坛响亮起来，当然这是后来的事了。却说这郭开贞聪颖好学，数学成绩总在全班第一。同学们见他学哪样通哪样，常爱摸着他的头顶叫他"郭大头"，甚至调笑地说：

"大头大头，落雨不愁。"

因日本医学属德国系统，所以医科学校的第一外语为德语，英语是第二外语，另外还要学点拉丁文。日本学校的外语教育，在学生略通语音语法后，便用很深的文本作读物，如德语选歌德作品，英语用泰戈尔诗歌的英译本。学生们面对这些外国文学作品，大都愁眉苦脸，郁达夫却发觉，唯独郭开贞和自己一样，对这些文学大师的珍品学得有滋有味。别人打开外语读物，叫苦连天，他们却是在享受，如同餐桌上端来一盘好菜，恨不得一口吞下。这两位日后的文学巨匠，都是在这时候开始大量接触外国文学的。

郁达夫记不清初始是怎么和郭开贞结识的，但一次在校园的闲谈，令他真心敬重郭开贞了。那回他们说到功课，郭开贞问他为什么考医科，郁达夫实事求是地坦白心迹：

"没什么缘故，原本要考文科，大哥劝我改报医科的。你呢？为什么考医科。"

"中国人又穷又苦，他们太需要医生了。我想学成回国后，做一个云游四方的医生，背着药囊走遍全国的乡村，专门给穷苦人看病，义务看病，分文不取。"

好志向！郁达夫心中暗暗佩服，想到自己对医科并不感兴趣，他又不无担心地问：

"开贞君，你的志向，当不会再改了吧。"

"立志学医，无暇他顾。你放心，这一点我至死不渝。"

"开贞，我相信，你一定会成为一名很优秀的医生。"

可惜的是，郭沫若因为患过耳疾听力大减，无法临床实习，最后不得不放弃医科。关于郭的弃医从文，有人认为他是和鲁迅一样，要用文学医治中国的社会病，但实际上，郭沫若本意还是想用医术治疗人们身体上的疾病，而且当年他的医术已经相当不错。对此，郁达夫暗暗为郭沫若惋惜过。

郁达夫是诗人，郭开贞也是诗人，两个具有诗人气质的青年相识，无须多长时间，就亲密无间了。他们有时到小料理店吃菜饮酒，兴头上来，少不得吟诗作乐。对郁达夫作得一手漂亮的旧诗，郭开贞打心里钦佩。

"达夫，你英文、德文俱好，律诗做得又如此漂亮，才气逼人。才子，你是个不折不扣的才子。"郭开贞带着三分酒意。

喝酒方面，郁达夫似乎更不会节制，他醉得要比郭开贞厉害多了。但书生醉酒看上去总比粗人顺眼，像郁达夫现在这样，说话虽已略感困难，可依然未失风度，还增添了几分爽快。他把杯中酒仰尽，双手撑在盘着腿的膝盖上，低下头摇了两下道："开贞君对我从不说假，你夸我我最高兴。才子吗？唔，或许有点小才吧，也不过是独在异乡为异客，于诗中发点思乡的离情别绪而已。呵，小儿女气，怎比开贞君的诗才！"

"住，住，你我休要相互吹捧，达夫君更不可妄自菲薄。'只身去国三千里，一日思乡十二回'，气势得很嘛。"

听郭开贞顺口引出他的诗句，郁达夫顿生"知我者郭

开贞也"的感想，又一连痛饮三杯。日本产的清酒原算不上烈性酒，但喝得过多，郁达夫还是烂醉如泥了。

1915年1月18日，日本帝国主义以支持袁世凯复辟帝制作为条件，由驻华公使日置益代表日本政府向袁世凯政府提出了"二十一条"，阴谋灭亡中国，激起了中国人民的愤怒。然而在全国人民的抗议声中，北洋军阀政府的外长陆征祥、次长曹汝霖却要与日置益举行非正式谈判。

2月11日，一千多名中国留日学生在东京冒雨举行集会，强烈抗议日本政府提出的"二十一条"，电请政府拒绝日本的要求并公布秘密条款。随后，留日学生回国请愿，各代表由长崎回国，分赴京、沪两地活动。

然而，5月7日，日本政府竟下最后通牒，限中国在四十八小时之内应允"二十一条"，否则"将执行认为必要之手段"。

郁达夫参加了东京的中国留学生集会，会场的激昂气氛令他感慨良多：那些只知道在小安逸里醉生梦死、小圈子里争权夺利的国人，若要让他们领略一下国家的观念，最好是叫他们到中国领土以外的无论哪一国去住上两三年。

正是由于郁达夫在日本饱受"劣等民族""亡国奴"的歧视与侮辱，才坚定了他要以他认定的方式，为国家为民族效力的决心：这便是学习，忍辱负重地学习世界的先进思想和近代科学。所以，他没有更多地参与留学生们的政治活动，反而更加痴狂地扑到书桌上攻读学问。他坚信，贫穷落后的祖国，日后更需要的，就是他现在所学的这些知识。

"呼啦"一声，斗室的木格子门被人拉开，几个往日尽情寻欢作乐的邻居站在门外。郁达夫发现他们都已穿戴整齐，行李箱就放在过道上。

"郁达夫，跟我们回国请愿去，走吧。"

"收拾收拾走吧，咱们到北京去，这回一定要面见总统。"

"怎么？你不想去？"

郁达夫没有出声。他根本就不相信这伙人能为国家民族的命运奔走。根据他们平素的所作所为，郁达夫很清楚，他们不过是借回国请愿的幌子，到北京去寻门路找靠山，趁机推销自己罢了。他感到一阵悲哀。就是回国，他也绝不会与这些人一道回去。

"都什么时候了，你还念念不忘你的这点烂课本，难道连国也不爱啦？"

"达夫君，国难当头，你竟然无动于衷！"

几个人鞋也不脱就进了室内，围住郁达夫大吼。有一人还伸手揪住郁达夫的和服前襟道："混蛋！你这个没人味的冷血动物。"郁达夫依旧默不作声，他知道，这伙人拉他同行不过是想扩充队伍壮大规模，他怎么能帮这种小人去虚张声势呢。

"算啦。"有人说了一声。几个人气呼呼地嘟哝着出了门,很快寓所里又安静了。这回彻底安静了,再听不到那伙人嬉笑胡闹的声音了。郁达夫为他能获得幽静的学习环境而满意。

一会儿,门外又响起一阵声音,旋即传来敲门声。郁达夫以为是房东送饭,起身拉开纸门,却见是郭开贞带着简单的行囊在门口。郁达夫大吃一惊:

"开贞君,你也要回国吗?"

"专程辞行。我已约了吴鹿苹等朋友连夜回国抗议。民族危难千钧一发,我也是热血男儿,实在没有颜面继续在这个欺侮我们祖国的地方念书了。"

半晌,郁达夫才开口:"开贞君,可我还要在日本把书念下去。你,是不是觉得我这个人太自私,太卑怯?"

"恰恰相反!我等奔赴国难,是大丈夫之为;达夫君你为国为民忍辱负重地读书,就是伟丈夫之为了。想中国之所以积弱至此,无非经济落后使然;而经济之所以落后,无非文化落后使然。达夫君,他日振兴中国之文化,就要靠你了,任重而道远呀。"

这真是难得的理解,非至交何能至此!郁达夫的眼泪几欲夺眶,突然,他觉得郭开贞的话里有一种诀别的意味,心头一惊,什么叫奔赴国难?

"开贞君,你说的'奔赴国难',什么意思?"

"中日外交吃紧,我想两国很快就会开战。现在我已把身边的书籍连同锅碗用具都变卖了,时刻准备投笔从戎。一旦战端开启,我是一定要到军中效力的。"

郁达夫闻言,激动不已。但听郭开贞一字一顿地吟诵他所作的一首七律:

> 哀的美敦书已西,冲冠有怒与天齐。
> 问谁牧马侵长塞?我欲屠蛟上大堤。
> 此日九天成醉梦,当头一棒破痴迷。
> 男儿投笔寻常事,归作沙场一片泥。

听罢此诗,郁达夫含泪仰天,良久,方吐出一句:"壮乎哉,开贞兄!"

第二十一章

隆子

转眼之间，已是七月。郁达夫在东京第一高等学校的预科学满一年顺利毕业。这年秋，他离开东京去名古屋，入第八高等学校继续读书。与他一起从东京"一高"医科预备班毕业的还有郭开贞。郭开贞那次回到国内，一腔热忱却落得处处碰壁，冷漠无情的现实令他心灰意懒。无奈之下他只好重返日本，继续走他的读书救国之路。郭开贞毕业后升入日本冈山第六高等学校第三部医科，在那里他结识了在学校第二部学工科的成仿吾。他们都抱有富国强兵、科学救国的梦想，对文学又都热爱得几近狂热，相同的志趣使二人一见如故。后来，郁达夫又见到郭开贞，便与成仿吾也成了朋友。

名古屋是一座商业都会，与东京相比显得偏僻了点。这里的人也不似东京那样对中国留学生极端歧视。郁达夫怀着对东京无限的失望和诅咒来到这里，他再也不想回到东京去了。

郁达夫永远也忘不了在东京"一高"上的头一堂课：全班学生在教师的指挥下，齐声诵读日本天皇颁布的《教育敕语》，训条的核心，就是要学子们忠君爱国。郁达夫心里腻烦透了。他瞥见旁边的日本学生虔诚地高声朗诵的模样，心想，我这又算是做什么呢？我忠哪家君爱哪家国！他张开嘴却怎么也放不大声。讨厌的是，每学期开始的头一天，郁达夫都要这样忍受一番，心情大恶。

郁达夫永远也忘不了，初进"一高"被迫接受学校当局的军国主义教育。校方以上体育课为名，强行对学生进行军事训练，并强迫中国留学生参加。郁达夫外在性格没有郭开贞那样强烈，郭开贞可以公开拒绝军事训练。郁达夫却拖了染过肺病的躯体，在日本军曹（该校有好几个教师是军人）的呵斥之下，做俯卧撑、攀杠子、举哑铃。那军曹常让学生们负重爬山。郁达夫体质先天虚弱，总是落在后头，于是军曹的咒骂声不绝于耳。有次列队郁达夫因过度疲劳没有站稳，当即胸口便挨了军曹一拳。日本学生们哈哈大笑，这更让郁达夫感到耻辱，痛苦得几近绝望。

郁达夫永远忘不了那天他去东京市外武藏野的井之头公园看樱花，两个日本女学生和他交谈，发现他是中国人时轻蔑的口吻。在美丽的樱花树下，郁达夫的心情极为复杂：他为做一名中国人而感到自豪，又为贫穷落后的祖国、腐败的北洋政府而感到羞愧。几乎没有中国人不厌恶日本人称中国为"支那"的。1936年郭沫若在一篇文章中特意提到，"本来'支那'并非恶意，有人说本是'秦'字的音变，但出自日本人口中则比欧洲人称'犹太'还要下作"。由此可以想见郁达夫他们这些留日学生所受的侮辱有多大了。

来到名古屋，来自日本国民的轻视少了一些，郁达夫感到这里民风淳朴，空气也比东京清新许多。他住在学校附近的御器所的"下宿"（日语中指公寓，低级旅馆）。这种"下宿"乃是经过学校认可才允许学生租用的。因学校距名古屋市中心较远，学生就近住宿便于生活和学习。郁达夫凭着每月领取的三十三元官费，在这里过着简单、清贫而又安静的生活。

最初见到旅馆，郁达夫简直有点吃惊，这小小的建筑四边没有邻居，全然地孤立着。它门前是一条笔直大道，后边有一方水池，另外两面则全是稻田。后来他才发现学校位于一大片平原之中，到处是农田，校园附近有几家不大的文具店和菜馆，也是专做学生生意的。四野中，散布几家为学生而设的旅馆，倒是给麦田瓜地做了点缀。而他所住的旅馆是其中比较宽敞的，店主也愿意收中国学生。学校尚未开课，别的学生还没来，郁达夫是第一个来此投宿的。他刚到大门口，头发花白的店主和一个少女就跑过来招呼："您来啦。"郁达夫报上姓名、来历，店主显出职业性的笑容道："是的是的，您从东京寄来的行李已经到了。隆子，你带郁君选选房间，顺便把郁君的行李搬进去。"

"是的。"隆子脆生生地应道，领了郁达夫进去。这是一家两层旅馆，楼上的房间虽小点，可隆子告诉郁达夫，楼上房租便宜，而且比较安静便于学习。这正合郁达夫的心意。看着隆子娴熟地安置行李，清扫本已很干净的房间，郁达夫问：

"你是这里的用人？"

"就算是吧。我叫后藤隆子，旅馆是爸爸开的，店里没人手，我到这里帮他。先生有事尽管招呼我，请不要客气。"

"你多大了，隆子？"

"十七岁。"

郁达夫开始端详起隆子。雪白的皮肤，长方脸上一对大大的眼睛，笑起来的时候腮边的酒窝煞是好看，同时嘴里露出一颗细小的金牙，更让人觉得她可爱天真。隆子结实的身体，充分表现了习于劳动的日本女子的特征。隆子白皙的皮肤，又让他想到了人们常说的那种"雪美人"。

"先生还有事情吗？"清理完房间，隆子问。

"哦，没事了，有事再找你。"郁达夫如梦方醒。

隆子把席子轻挪了几下，出了房门又顺手把门关上。郁达夫很后悔方才盯着隆子瞧，唉，这多不好，幸亏她没有觉察出来。其实也未必，似这些女子和房客们打交道多了，不用看也能知道有人在看着自己。郁达夫开箱整理书籍，心里老也平静不下来，书本拿起来又放下，也不知道要往何处摆。这是怎么了？郁达夫有点生自己的气，刚从东京那虎狼之地出来，遇上位待你和善的姑娘，就六神无主想入非非？没出息，不道德！索性，郁达夫不摆弄书了，斜倚着书箱捡起本书，却恰是《吴梅村集》。但他没看吴梅村的书，只是不经意地作了两句诗：

小楼今夜应无睡，二月江南遍杏花。

郁达夫待不住了，干脆下楼去散步。

旅馆的大门边上就是后藤父女的屋子，郁达夫经过时听见店主在与女儿讲话，他也没打招呼，径直离开。

走在稻田中的细路上，太阳已偏西了不少。前面一丛树林里，半露着几椽农舍，稀稀落落。郁达夫信步转悠了好一阵子，腹内打了给兄嫂、朋友的好多信稿，但并不准备马上动笔，只想让自己的头脑彻底放松。近一年来也许受刺激太多，稍许劳累或激动就有可能失眠，他不得不对自己有所控制。

旅舍附近的确是个抒散心情、减轻压力的好地方，他把几家文具店、菜馆转遍，也没见到多少人烟。这里的空气带点甜丝丝的味道，鲜凉极了。遥望林间农舍，有的烟囱已升起淡淡的炊烟，想是农人已荷锄归家，点火煮饭了。郁达夫披着夕阳的余晖，返回旅馆。踏着田埂前行，郁达夫见四下一马平川再无山峦，心知这里的夕阳定会迟迟不落。倘若晚饭后披一袭黑呢斗篷，拿上本爱读的书于田间漫步，当是十分逍遥惬意的，郁达夫料定此处环境最适于培养人的田园趣味。

回到房间不一会儿，郁达夫就听见隆子敲门道："饭已给您热过了，先生现在用吗？"他刚应声，隆子便拉开门跪行到眼前，把饭菜利索地摆到小桌上，然后挪到一边抱定托盘看着郁达夫吃饭。日本妇女的传统服装，裙摆长裙筒窄，两边开叉也很小，加之她们常穿前后带齿牙的木屐，行走时只能挺直身迈碎步以保持平衡，若弯腰走往往双手还得轻扶自己的腿部。有的人习惯了这种姿势即便换上短裙也依然是这般走法，郁达夫对此颇不欣赏。他发现隆子行走中步子迈得不大却很耐看，像现在着了短裙系着围裙，即使在席上跪行也显得出众，想来是她有青春活力的原因吧。郁达夫想多看隆子两眼，可发现她在盯着自己吃饭，稍稍感到不自在，便说："你先回吧，吃完饭我会把碗筷放在走廊。""没关系，反正就您一位客人，我等着，先生请慢慢吃。"

慢慢吃？郁达夫当然想慢慢吃了，一整天也没个聊天的对象，何况面前又是一位妙龄少女。然而日本的饭菜每份小得可怜，再慢慢吃也用不了多长时间。趁隆子收碗时，郁达夫故意搭话："隆子，你为什么要称我先生？""因为您很文雅，看样子很有学问，不像住在这儿的有些中国学生，大喊大叫还不讲卫生。"见郁达夫面露不快，她忙道歉，"请您原谅，其实我不是那个意思。中国学生我了解，他们都很宽厚的。"

郁达夫摆了下手道:"算啦。总之以后别叫我先生了,我是留学生,叫'达夫君'的好。"他拿出一册课本,指着封皮上的签名:"达夫。"

"达、夫。"隆子看着课本,发的却是日语汉字的音,给"达"字后边加了"促音",在达夫二字间出现了半个音节的停顿。

"不,"郁达夫觉得这么念太别扭,"请别那么念,要这样,达夫,达夫。"

"达夫,达夫。"隆子一时没习惯,念走了调,扑哧一声笑出来。郁达夫也笑了。

就在这时,楼下传来店主的呼叫,"隆子"。隆子忙道了声对不起,匆匆下楼了。

刚刚开心一点,屋内又剩下自己。郁达夫百无聊赖地仰卧,头枕双臂,望着天花板,听见里头许多虫鼠在争夺食物,弄出窸窸窣窣的响动。听得发腻,他起身推开窗子,四面黑影沉沉,远处有一点明灭无常的灯火,令他感到有些森森然的鬼气。风儿吹动窗外几株桐树的叶子,飒飒作响。郁达夫住在二楼,叶颤声就在他的耳畔响着,他感到害怕。

在屋内待着不舒服,郁达夫来到走廊。静寂中,听见楼下过道那边传来沙沙的水声。何处来的水声呢?他迟疑了一下,便轻手轻脚走下扶梯。水声来自厕所那头,他轻轻开启厕所的门。原来旅馆的浴室就在厕所旁,中间隔着个玻璃窗，水声是从浴室传出的。

顺了水声，郁达夫朝玻璃窗一看，愣住了。水汽之中，分明是隆子在那里。这时，郁达夫的前额"嘭"的一声撞到了玻璃窗上。

"是谁?"蒸气中传出女性的发问。

郁达夫连忙不出声地逃了回去。

郁达夫试图蒙头睡去，但这根本不可能。他在被窝里翻来覆去，两耳一直听着楼下的动静。听，像是水声停住了，浴室门开了，她好像在上楼，已经站在我的门外！他屏住气再听，没声息呀。咳嗽一声试试，还是没有反应。郁达夫一骨碌爬起，把门拉开半尺宽，没人！楼下有人说话，是店主父女在交谈。不好，她告诉她父亲了。她把一切都告诉她父亲啦。怎么是好！怎么是好！整整一个通宵，郁达夫没有入睡。

次日清晨，郁达夫提心吊胆走下楼来，轻轻刷牙洗脸后，趁了店主父女还没起床，逃也似的跑出旅馆。

大路上，朝露打湿的土地还未干透，郁达夫漫无目的地迎着初日走着。迎面来了一个拖着车子的农夫，朝郁达夫打招呼："早啊。"他又是一惊，难道，昨晚的事这农夫也知道了吗?

胡乱转了一阵，郁达夫回到旅馆。他觉得今天这儿有点异样，难道会发生什么事?

"早晨好，达夫君。"隆子从楼上下来，手拿抹布显然是刚擦完地板，鼻尖上沁出细小的汗珠。

"早晨好。"郁达夫尽量有礼貌地应道。让他略略奇怪的是，隆子今天把"达夫"二字用标准的中文发音念出来了。

一连好几天，郁达夫都想找隆子解释申明，那天晚上他并非故意。而隆子父女跟什么也没发生过一样，看样子隆子没有跟父亲说什么。不久其他学生陆续搬入旅馆，小店变得火红热闹，隆子更加忙碌。学生一多，郁达夫的孤独寂寞感没有了，心境又好转不少。只是，他觉得隆子似乎对他比对别的留学生更为关照一些，因而愈加感到有点对不起隆子。

开学后，七门功课压了过来，郁达夫忙于学习。但他仍在课余写下大量诗篇，以"春江钓徒"的笔名，先后发表在学校的《校友会杂志》上。

第二十二章

不了情，了断了吗？

名古屋第八高等学校的功课繁重，郁达夫的诗歌创作也进入一个高潮。这一时期，他又开始阅读外国小说，而且捧上便不忍释手。郁达夫写诗的冲动无法克制，看小说的欲望难以压住，不但看，阅读量还很大。除此以外，还有一桩事困扰着他，那便是隆子。

郁达夫内心喜欢隆子，可他实在不敢流露出来。一是他觉得那晚的事情已经很对不起她，二是旅舍住着别的学生，他怕再招惹点事对隆子不好。同学之中有人很爱说闲话，以揭老底、传丑闻为乐事。郁达夫爱干净，每日必要冲澡，于是便被连脚都懒得洗的人讥为神经病。外表懦弱内心却很豪放的郁达夫，为了隆子，只好处处注意事事小心。他尽量在隆子面前掩饰自己，不苟言笑。

隆子似乎什么也不挂在心上，毫无顾忌地与他接近。在她看来，自己能与高等学校的学生交往，是很荣幸的，何况郁达夫又是个才气横溢的年轻诗人。光是他讲究清洁这一点就足以让她心仪了，比起那些不修边幅的男人来，郁达夫无疑是具有吸引力的。

"达夫君，你怎么能看得了这么多的书啊？"

"唔，多看就是了。"

"达夫君每天都作诗吗?"

"那可不是。"

"原来达夫君还有个名字,叫'春江钓徒'。"

"笔名,笔名。"

"听楼下苏君说,达夫君在诗里还写过我家的小旅馆呢。"

"哪里,不过是一首题目为《暮归御器所寓》的诗罢了。"

"请念给我听好吗?求你了。"

"日落篝火数点明,几家弦管庆收成。匆匆障扇田塍过,恐被村人说好名。"郁达夫内心纷乱,连自己的诗都念得很糟。

念得糟也没有关系,隆子并没听懂诗的含义,单是有人在诗题上提到她的小小旅馆,还发表到学校的刊物上,就足以让她激动得流泪。这些,对隆子来讲,是何等的荣幸呀!"谢谢您啦,真是太谢谢您啦。"隆子伏在榻榻米上,额头紧紧地贴地,泣不成声。

隆子越来越不遮掩她对郁达夫的好感了,于生活上照顾得愈加细致。

"达夫君,这是我新做的饭团子,你尝尝。"

"达夫君,你的毛巾太旧了,请用这条新的吧。"

"达夫君。"

"达夫君……"

"隆子是那么的淳朴善良,决不能因为我而毁了她,即便是下地狱,也应该让我去,不能够再连累她了。"郁达夫拿定主意要终止与降子的关系。

出得旅馆，郁达夫漫步行至一个十字路口，四下张望了一会儿，便拣了人迹稀少的一边向南而去。南边是座土丘，路是劈开土丘从中间伸展出去的。郁达夫走过土丘一望，见有道矮墙，墙内是茅舍数楹。他大步上前推开柴门，沿着曲折小径穿过一片梅林来到屋前的一块草地。园内无人，唯有鸟雀环枝头飞绕，阳光洒下来，自然界中的万物倍显和谐。他朝园子大门口退去，莫非园主不在家？既然园子空着，不妨借住借住。正想着迎面一老农走进园来。郁达夫上前致意后问：

"这园子是谁的，你可知道吗？"

"由我经管着。"

"可以把园内那间楼屋租给我住吗？"

"可以，就你一人来吗？"

"是的。"

"那我劝你不要搬来，你们学校的学生先前也有几次住到这儿的，住不上十天就都搬出去了。"

"那是为何？"

"耐不住这园子的冷清吧。"

"我可和别人不一样，只要你租，我是不怕冷清的。"

"要这样，那我当然租给你啦。"

第二天，郁达夫就匆匆搬入了梅园的楼屋。小楼不高，临窗可见一片树林的梢头。每天从乱纷纷的学校带了大堆的功课回到这里，心里头一下子就静了下来，所以郁达夫很庆幸能找到这么个住处。在这儿听不见邻居的说笑吵闹，事事全由自己，夜深不睡，也用不着担心会打扰别人休息，想唱就唱想笑就笑。现在他觉着自己已经不怕什么孤单寂寞，独处小楼，正可以发奋用功，正可以疯狂地读小说，什么时候偶成小诗一首，便高声吟诵，于别人绝无丁点的妨碍。

唯一令郁达夫放不下来的，还是隆子。他甚至觉得就这么一下子搬出旅馆，断了和她的来往，对隆子也不免有点残酷。郁达夫感到很对不住她，觉着自己是个"始乱终弃"的坏蛋。郁达夫回想起前一阵在旅馆，每逢隆子进来自己扮出的那副严肃相，想起他私下写给隆子的两首诗，心里骂道："虚伪，太虚伪啦！"

郁达夫搞不清他该不该爱隆子。他从理智上清楚，像他这样一个凭着官费念书的留学生，单凭了好感去爱一个日本姑娘，最终于人于己都不会有好的结果。了断这份情吧，他告诫自己。虽然无法彻底了断，可他还是从内心的感情纠葛中解脱出来，提笔在宣纸上用粗犷的行草写下了一首《别隆儿》：

犹有三分情未忘，一分轻薄二分狂。
只愁难解名花怨，替写新诗到海棠。

别了，隆儿。写完诗后，郁达夫将那管羊毫大笔扔出了窗外："了断它，定要了断这份情！"过了一会儿，他又扪心自问：了断了吗？嗯，应该是了断啦。

向晚，农夫送饭来。郁达夫抬眼一看，先没了食欲：

一碗糙米饭上,放了两条黑乎乎的小干鱼,还有一小块渍菜。

"先生,请用饭吧。是家妇做的,挺不错的。"

郁达夫根本想不到精明的农夫在克扣他的伙食钱,只是想到往日用饭,都由一双纤纤玉手捧到跟前,耳畔传来一声甜润的"达夫君"。咽着粗饭,他想起隆子特意给他准备的那些食物。忽然,他又警觉了,别再想了,那份情思,已经了断!

可是,他真的能了断吗?郁达夫结婚后,给他的第一个孩子起名,就叫龙儿。

第二十三章
沉沦,在雪夜

郁达夫搬入的这座带梅林的园子,名为"晴雪园"。梅林里边还有个茶座,叫作"见晴亭",春天会有人来赏梅,但郁达夫来时正值秋天,很寂静。他所居住的二层小楼,原为日本诗人片桐氏的别墅,自片桐氏去世后,每年除了梅花开时园子开门接待游人,平日都深锁着。因小楼建在高岗上,从窗子向外看,能俯视大海,并观览名古屋的市容,近前又给梅树围住,很像是一个脱离了人间的小小仙境。住在这景致宜人的地方,郁达夫很得意,觉得此处简直可与杭州的孤山放鹤亭相比。

一头扎进梅林小楼,郁达夫老想着学独居荒岛的鲁滨孙的样子,不与世人往来。他把创作的诗歌一首首写在大幅的纸上,又一一挂于房内,乍看上去很像是洗染店晾晒的块块布片,穿堂风一过,吹得纸片翻舞作响。他还不时取下一两张纸,重抄后寄出去发表,但不久又有新的白纸挂起来。时间不长,郁达夫的诗名便在四下传出,引起日本诗界人士的注意,学校里还有人向他索诗。

郁达夫这期间读小说成癖,时常从市内书店买回大量的旧小说看,也常从校图书馆大捧地抱回书读。零用钱几乎都用作买书(间或也买点酒),常常两袖空空,兜中一文不名。通宵达旦地啃小说，常令郁达夫进入故事，进入角色，长久地忘记自己身处何地。他与书中的人同悲同喜，泪流满面地读，欢天喜地地读，一会儿放声大哭，一会儿又开心大笑。幸亏园中无人，否则人们定会拿他当"神经病"看待。

进入"八高"念书，郁达夫的才华很快显出来。这里的规定是，教室里学生们的座位位置，要按学生成绩，依次从后往前排，但留学生一律坐在最前头。郁达夫自然很不服气，因此他更加发奋学习，成绩上升很快，见解又往往超出众人。课堂上，他那杰出的接受能力和明快流畅的应对，不能不引起老师们的注意。没多久，郁达夫已经成了老师们心目中的超常学生。学校有位教学态度极其严谨的教授，惯于对学生挑挑拣拣，一丝一毫的小问题都不马虎，假如有谁上课把制服领子下的扣子解开，他也要严厉指出，学校里没有谁不怵他。可是他对郁达夫的随随便便就不闻不问，提问时还客气地征求郁达夫的看法：

"郁君，怎么样？请你看看吧。"

同学们面面相觑。殊荣，简直是殊荣！全校中还能找出第二个享有这等待遇的学生吗？况且这份殊荣，竟然给予一个中国人！

教授德文的哈恩先生，对日本文学有很深的造诣，曾将夏目漱石的《满韩处处》译成德文。那些日本学生对哈恩很尊重，同时也很害怕。因为德语对他们来说太艰难，他们怕老师提问，那将会十分难堪。可后来他们发现哈恩先生渐渐地不往教室后头走了，他常站在前边就近与郁达夫交谈，两个人你一言我一语往来不断。有时哈恩先生好像是离开了课堂内容，两手插在西服裤内微微斜倚在郁达夫桌旁，二人有说有笑。他们在聊什么？后头的学生听不真切，急得欠起身竖了耳朵。

在郁达夫的功课一路提升之际，天气冷了。梅林静得如同墓地，寒风穿过，四下里一片枯叶声。郁达夫紧闭了窗户，裹着被子学习、吟诗、读小说，觉得自己就像一只躲在室内的秋虫，苟延残喘地等候最后的时刻到来，虽未僵死，但已气若游丝，再也无力鸣响。他得过肺病，所以很紧张，按目下这般条件，他猜想他一定会旧病复发，可他又舍不得离开梅林。

郁达夫没犯肺病，却患上了严重的抑郁症。神经衰弱害得他整晚休息不好，第二天强打了精神去学校，坐在教室里出神发呆，脑子里开始出现大段大段的空白。他想把自己的注意力拉回来，可是一切努力都无济于事，可怕的麻木搞得他神情都有些呆滞。日本学生对他熟视无睹，中国留学生里有人出于同情，试图与他接近以便对其疏导规劝，但后来发觉他的抑郁症状不轻，很难与他交流什么，只得遗憾地退回，远远地观望。

难以自拔的郁达夫，期末成绩一落千丈，七门功课只有三门勉强通过，其余的已根本不能应考。放假了，他从学校捧回一大堆参考资料，准备利用假期好好补一补。谁知日复一日独处，整日不见一人，他由抑郁而烦闷，由烦闷而焦躁，最后已发展成过度敏感的神经质了。所受过的歧视、羞辱重又折磨起他来。他不愿见人，不愿到市内去，即便见到人，他也猜忌人家在耻笑自己。这种情形放假前就有了，那回他看见两个女学生远远站着谈笑，一下子就紧张起来：

她们在干什么？一定是在嘲笑我！看她们把鼻头皱起来的模样，分明在骂我！混蛋！竟敢骂我！

躲回梅林小楼，郁达夫无声地淌着泪水：

我何苦要到日本来，我何苦要求学问。既然到了日本，那自然不得不被他们日本人轻侮的。中国呀中国，你怎么不富强起来，我不能再隐忍下去了。

郁达夫恨自己为何要进高等学校读书，那些留了五个月的学就回国的人，在国内不是照样地享受荣华安乐吗？等自己积累了十多年的知识回国，难道就一定会比那些人混得更好吗？

郁达夫连连呼唤苍天：

我不要知识，不要名誉，也不要那些没用的金钱，我所要求的就是爱情！苍天，假如你能赐给我一个能理解我的苦楚的人，能真心真意爱我的人，那么无论她是美是丑，我都心满意足。她就是让我去死，我也心甘情愿！

一场大雪，使整个关西地区天地皆白。郁达夫一个人住在被厚雪封锁住的乡间，怎么也耐不住孤单寂寞。午后时分，他逃离开这万物寂静的死亡般的世界，踏上东海道开往东京去的客车，一心要寻个人烟稠密的地方，忘掉乡愁，摆脱压抑。

孤冷的三等车厢内，旅客稀少，有的人无言地望着窗外移动的景色，有的人随着车的节奏轻轻摇晃着打盹儿。喝下两瓶酒后，郁达夫身上回暖，看看周围，并无一个相识的人。一个隐藏很深的念头浮了上来，他心中自问：你要到哪里去？想干什么？郁达夫不想多想，又打开一瓶酒。

出了火车站，天色已晚，郁达夫又看到了东京整齐的街道，借着路灯，他发现东京的雪下得不是很大。他还记得初到东京，看见这里的城市建设比国内强出许多，街上的人面色安详，充满了自信，他曾大受刺激，一种自愧弗如的念头油然而生。这时正是日本大正时代，政局稳定，经济繁荣，日本国民意气风发。这些和当时中国军阀混战、民不聊生的状况，形成了鲜明对照。眼下，郁达夫酒往上涌，一个恶魔般的念头缠附着他。他把围巾往脸上一包，跳上一辆人力车，嘴里嘟哝了一句。

"先生，您去哪里？"车夫问。

"怎么，还不明白吗！"

"明白明白。"

拣了个灯红酒绿的热闹地方，车夫把郁达夫请下。

"请进来呀。"

忽听一声娇滴滴的呼唤,郁达夫不觉惊了一下。以前对这种地方他只敢想,一直没勇气进去,一则怕让熟人看见,再则担心染上病毒。可眼下不同,在这风雪之夜、酒力攻心的情况下,郁达夫难以自持。

门内又传来笑声:"进来呀,请进来呀!"

好可恶的东西,你们竟敢欺我胆小?郁达夫面似火烧,紧握双拳,像是对那几个侍女宣战般地迈入门槛。从侍女面前经过时,他几乎要像小孩似的哭出来,可还是咬紧牙关往前走。顷刻,他便被团团脂粉的香气笼罩了。

一觉醒来,天早已大亮。郁达夫撑着起床,想起昨夜,心都凉透了。他觉得把衣裳穿好,或许能把自己和昨天分隔开来。

窗外的雪不知何时停了,雪后初晴,天空更加清澈,蓝得就像染过的一样。阳光照到雪地上,光线再反射进不大的屋子,屋内给照得通亮通亮的。屋外,传来人声、刷牙洗脸声,开始有人清扫。郁达夫猛地明白过来,流下泪来,太不值得,太不值啦!我的理想,我的远大志向,我的报效祖国的热情,现在还剩下了什么!悔恨的热泪,模糊了郁达夫的双眼。

索性,沉沦就沉沦到地底!不入地狱,哪见佛性!

郁达夫忍受着地狱之火煎熬,听任心头淌血。

第二十四章

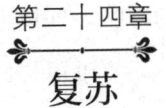

复苏

神经衰弱症差一点使郁达夫一蹶不振，严重时竟像发羊角风般地昏厥过去，只是还没有痉挛抽搐罢了。而且他的记忆力、理解力及忍耐力几乎丧失殆尽，寒假考试他七科只考了三科。日本的官立学校没有补考的规定，这次不考的科目，只能留到暑假时一起考。

不得已，郁达夫只好去看病。大夫讲，这种病不会很快治愈，须慢慢调理，建议他全面休养。全面休养，意味着该补的课先不能补，想看的书也尽量少看，若在平时，郁达夫是无论如何也做不到的，让他无所事事，"毋宁死"！可现在落到这步田地，不休养也不行了，万事还得从长计议啊。说到休养，郁达夫的心情很坏，想想原先头脑是何等好用，而今竟如此糟糕，他感到一切都完了。有同学来看他，他非但没有感到宽慰，反而更加沮丧。

大罗天上咏霓裳，亦是当年弟子行。
今日穷途余一哭，同他才尽说江郎。

咏罢所作的绝句，郁达夫哽咽地对同学说："我是不行了,烦你把这首诗抄下来,送给教咱们汉文的松本先生吧。"

"干吗这么悲观呢?瞧瞧你这诗,什么江郎才尽,才尽了还写得出这样的诗?宽宽心吧,才没有尽呀。"

"莫劝我,纵然,纵然才没尽,可像我这副样子,又能怎样呢。"

一连数月,郁达夫药石无灵,也听不进别人的劝说。途穷之际,他动了出家的念头:罢罢罢,自来名古屋后,看不出做人有什么趣味可言,干脆脱离红尘,逃归山谷去做一个野僧吧。啊,不,出家也不该抛弃学业。他日入了空门,斋戒忏悔,我尽可以披袈裟谈佛经,但所学医术仍不能丢,正好可以用来给穷苦人治病,学我佛救助众生……

其实郁达夫是脱不了红尘的,即使动了参禅念头,心里边仍装着俗世的"挂碍":他怕祖母看到他这个孙子也信佛会伤心难过,所以决定在老人家未去世前,决不出家。苦闷寂寞令郁达夫难以忍受,他甚至在信中求哥哥嫂子给他去信:近日来我苦闷极了,如有时间你们给我回长信,无论何事都可写来。

春暖花开日,万物复苏,郁达夫的身体才稍稍恢复。而真正让他精神好转病情大减的,还是开学后的五月间,他去日本著名汉诗人服部担风家拜访之后。

那时候郁达夫经常写诗投到报纸《新爱知新闻》的

《汉诗栏》，服部担风负责这个栏目的评选工作。时时看到服部先生的评语和诗作，郁达夫心目中早把这位日本的大诗人兼书法家视为师长，所以常与服部先生书信往来，有时也与服部担风和诗。两人虽一直未见面，但相互间的欣赏有一段时间了。在服部的介绍下，郁达夫和服部的得意弟子、著名诗人富长蝶如交了朋友，富长蝶如也是郁达夫唯一的日本诗友。富长蝶如知道郁达夫近来精神欠佳，且早有拜访服部先生的想法，便极力撺掇他去见服部。在他的劝说下，许久不出门的郁达夫从名古屋乘火车前往弥富，去见服部了。

由弥富站出来，郁达夫坐上人力车，径直前往服部寓所。春夏相交之际，花木繁盛，蝶乱蜂狂，置身花香如雾柳绿成荫的郊外，郁达夫好不惬意。人力车顺着清清溪水悠悠荡荡地前行，向东一拐，麦苗苍翠陌上柔桑，又是一番农家乐的景象。远远的山边，有云气飘浮，峰峦隐现变化万端。走过一座小土桥时，看到桥上写有"楔桥"二字，字体苍劲古朴，郁达夫不由多看了一眼。已听富长蝶如说过，桥上字系服部担风所题，想来快要到服部家了。前头有一群孩童在玩耍，郁达夫用非常地道的带点小孩子气的日语向他们打听服部家。孩子们一听连连说知道，纷纷伸手指明方向。车夫听了，加速前进。郁达夫没想到从车站到服部先生家不过一里多点的路程，竟有如此多的美景，且一路走得也很顺利，真是说不出来的高兴，脱口就

一首绝句,后定题为《访担风先生道上偶成》:

> 行尽西郊更向东,云山遥望会还通。
> 过桥知入词人里,到处村童说担风。

车子在一个极幽静的处所停下,郁达夫顺着铺砌得非常自然的石阶,来到门前,叩响服部家的木门。在外头就可看出,这里的庭院房宅全都被苍松翠柳掩映着,真不愧是诗人宅邸。随着轻风传来一声"就来",正在院里散步的服部先生打开了木门。

木门开启,年已半百的服部担风见到这位身着学生制服的文静青年,不禁一怔。郁达夫连忙做了自我介绍并讲明来意,服部先生大喜,"啊,是'春江钓徒'",马上请他进去。跟在服部担风的后面,郁达夫恭敬得有点紧张。

这是一处充满园林趣味的庭院,两厢有抱廊连通院后的屋宅,即使下雨,只要进了院门就可以收起雨具顺着廊子进入房间了。当然,这时的郁达夫只顾回应服部先生的问候,哪里还想到去欣赏什么翠竹染绮户、苍苔上怪石。服部径直把年轻的中国诗人引入他的"兰亭"书斋,因为大家毕竟不是陌生人。

"郁华君近来可好?"服部问候他的哥哥。

"好,还在做他的法官。先生认识家兄?"

"我们都是'随鸥吟社'的会友嘛。你兄弟二人的诗我看了不少，太好了！一家出了两个诗人，想必家学不浅。"

郁达夫笑了笑，再次表达了他对服部的景仰之心。哪知服部先生对他也很敬慕，尽管两人差了近三十岁，可服部有诗人气质，对一切都有兴趣，今天见到才华出众的郁达夫，只管询问他的情况：

"富长君说你近来读小说读得快吐血了，有这回事吧？"

"主要是读英译本的俄国小说，日本小说也胡乱看。"他每说一个作家或是一部小说，服部便"哦"一声。当郁达夫提到《源氏物语》时，服部两目圆睁：

"怎么，《源氏物语》你也看过？佩服！那可是很多日本人都读不动的书啊，绝不比中国的《西厢记》易懂。"

"《西厢记》学生也读过。"

"好厉害呀达夫君，年纪轻轻怎么就想起看《西厢记》了？"

"开始也没想，是我大嫂叫我读的，有不懂的地方我就问她。我大嫂也爱作诗，改日还想把她的诗带来，请先生多多指教。"

"真是闺秀啊！"服部担风由衷地称赞道。郁达夫不愿把话题老停留在自己身上，便把来时路上偶成绝句，念给服部先生听。服部先生听完，甚为愉快，起身在书斋走了几个来回，又走到桌前摆好诗笺：

"来来,请把你的'道上偶成'录下。"

郁达夫照做。随后服部先生接过笔,另取一笺写了首次韵诗:

> 弱冠钦君来海东,相逢最喜语言通。
> 落花水榭春之暮,话自家风及国风。

郁达夫从小失去父亲,父亲的样子已经没有印象,可他觉得,眼前这位慈祥的服部先生,真像一位慈父。两人谈了一个小时左右,郁达夫很想多聊会儿,但初次拜访,他认为不该逗留太长时间,于是便起身告辞。服部先生颇为不舍地把他送到大门口。

人力车还等在大门前,郁达夫跨上车刚刚落座,忽见服部先生携了根竹杖出来了,说:"我来送送你。"郁达夫慌忙起身道:"这怎么可以?太不敢当了,先生请回,日后我还要来看望您的。""我也想出来散散步,这样还可以顺路聊聊嘛。"服部先生执意要送,还不许郁达夫下车。就这样郁达夫坐在车上,服部担风拄杖走在车旁,两人边走边聊,说得很热烈。此时车夫自然不能拉车跑了,所以一路走得也慢。郁达夫嘴里讲着话,心中却着实不忍让服部先生在车边走,因此一路上他都欠着身伸着头跟服部先生交谈,身子半点没有挨着靠垫,真是比走路还累。

穿过淳朴秀美的田园,服部又随郁达夫进了车站,将他送上火车,方才挥手告别。火车开动,车厢一晃,郁达夫这才长长地出了一口气。

后来见到富长蝶如,郁达夫满脸歉疚地提到服部先生送他去火车站的事:"我从来没有像当时那样窘过,你想想看,我高高坐在车上,往下看着先生说话,而先生却仰起头,笑眯眯地和我交谈。先生完全无所谓,可我实在是惶恐极了!"郁达夫细小的眼睛迷迷蒙蒙,显得很懊丧。

"是这样的吗?"富长蝶如万分惊讶,"这样的事可实属少见呐。一般的客人,先生把他们让到书斋'兰亭'或是书院'祭花庵'。客人告辞的时候,他一般都是穿过围绕着庭院的走廊,把客人送到大门,连大门都很少出去。服部先生曾说过,送客送到哪里是一个礼。他也从来严格恪守,没有随便超越过。可先生竟然特意送你出门,还一直走到火车站,而且你们还是初次见面。唔,可见先生对你是何等的看重哟。"

郁达夫没再作声,对服部先生隆重的礼遇,光说谢谢、惶恐之类的话,已经没什么意义,他猜想服部先生不独是对他喜爱,更期盼着他在事业上能大有作为。他的猜测应该说是准确的,当郁达夫进入大学读书时,服部担风听说他没有选择文科继续深造,连连叹息,难受了许久。

第二十五章
不能爱而又不得不爱

一心希望能够自立的郁达夫,近来懊丧极了。

进入"八高"第二个年头,郁达夫出于个人志向,也是出于经济方面的原因,擅自改换了专科,放弃学医,转入学校的法学部政治学科。他要花钱买书读,如不读书,巨大的孤独感会把他逼疯。他不光买大量的医学参考书,还买大量的文艺类书,还要花钱买酒。他写诗常常离不开酒,许多佳作都是在微醺半酣之时"立就"的。对于没有文艺书、没有酒喝就难以活下去的郁达夫来说,学医所缴的费用太昂贵,自然有理由转入收费较低的文科。

不过这理由到底算不算数,不能全由郁达夫来说,他总要得到家里特别是大哥郁华的认可,方才心安。不是吗?学医是大哥替他做的选择,家里也一直期待着郁达夫能学点"实学"好重振家业。重振家业需要钱,学医以后当医生,而且是留过学的"洋医",从收入上说,自然要比学文可靠得多。郁达夫也够"拧"的,转文科时早有同班的留学生劝道:"学什么文呀,好不容易考的医科又放弃掉,太傻太傻。告诉你,学医好哇,这一行将来没亏吃。"郁达夫哪里肯听。他明知弃医改文家里不会赞同,所以做这个决定时心里头不免战战兢兢。战战兢兢也得给家去信，因为毕竟没有完全脱离家庭而自立，用他的话说，每逢生病了，少不得要勒索家里几个医药费。他还时常把书店的售书收据寄给大哥，没有大哥的资助，他这个官费生可不能那么疯狂买书。学文的前途是很难说的，这一点郁达夫也明白。近来他写过几篇小说，写完自己都觉得不成功，给丢在一边，小说的情节及人物他很快就给忘记，又怎敢妄谈以后靠卖文吃饭呢？所以能否取得家人的理解，郁达夫心里实在没什么底，因而信也写得凄婉。

果然，大哥郁华闻讯后复信怒斥弟弟"游移轻浮，学志不专"，信尾还狠狠地说，从此后不认他这个弟弟了。郁华有他的看法，首先他误以为弟弟在外花天酒地欠下债务，才不得已改了学科，另外他认为自己当初没能学医就很可惜，希望两个弟弟能继承父志，学新医术，学真才实学，延续悬壶济世的家传。三弟的行为让郁华大失所望，他甚至觉得是自己这个大哥没当好，对不起九泉之下的父亲。

大哥的责备，郁达夫难以接受。郁华提出断绝兄弟关系，更令郁达夫气恼，而且这关系一断，他以后还怎么买书呢？于是郁达夫恨起长兄，一时感到自己是世上最苦命的人，那眼泪就如同瀑布似的流下来。

好在这场冲突不过是"兄弟阋于墙"，实在没钱了，郁达夫就偷偷给嫂子陈碧岑写信诉苦求饶，而陈碧岑也偷偷汇钱接济达夫。不久郁华了解到弟弟的情况，气便也消了，虽然认为将文学作为正业不妥，但他也很喜好文学，对弟弟自然也容易理解。很快，郁华又写信进行解释："当初我对你的期望过于殷切，所以才给你写了那封绝交信，我也是怕对不起死去的父亲呀，其实写信还是想劝说你。你既然要改学文，也没办法，不过要是能不改还是以不改为好，学费真有短缺我会设法帮助你一些的。"

兄弟二人的一场风波刚过去不久，郁达夫还未从忧伤中完全解脱出来，母亲的一封信又寄到了他的手中。展信一读，郁达夫摇晃了两下，颓然地瘫坐在席子上。母亲要郁达夫近期务必回国，说她已通过媒人为达夫说下一门亲事，女方是富阳市井孙孝贞的女儿，名叫孙兰坡。信上自然免不得讲了许多好听的话，什么孙家是富阳城有名望的大户啦，兰坡小姐是位贤惠贞静的大家闺秀啦，还有门当户对名声好之类的老套话。最后，母亲强调郁达夫夏天必须归家，好与孙家正式订婚。

"我好苦！"郁达夫欲哭无泪，一丝惨笑浮上脸庞。这时他已从梅园搬到了学校附近的另一所"下宿"，但与同学们依旧很少来往，闲暇则常在旅馆后的水塘边散步。如今郁达夫真想跳入水塘，与这恼人的世界永别。

"为什么？"郁达夫内心翻腾，"为什么来日后我一直不肯回国省亲，怕的不就是那旧式的包办婚姻吗？谁知你再回避再掩藏，要命的婚事还是隔了山隔了水隔了大海找来！我凭什么就应该娶她为妻？那孙家女与我素昧平生，从未谋面,她是何样的人,是高是矮是胖是瘦,什么脾气什么禀性,一概不知,难道只有在洞房里揭开红盖头才能知道吗?啊?新郎官。我要的是一个值得为她去死的女人,她得能理解我,能为我分忧解愁才行。我讨厌包办的婚姻,尽管世世代代有无数的人在这样的婚姻下白头偕老,但我不信他们是幸福的。他们没有爱情,不过是传宗接代的工具,日复一日地过日子罢了。我不要,我不要!"

郁达夫没敢出房门,他怕自己真的会跳入水塘。他把自己关在小屋中,用衣服把头裹起来在榻榻米上滚动着,以为如此便可以离现实远一点。滚累了,不作声了,半晌才坐起来,扯下衣衫,双眸呆滞。"可是,噢,这值得诅咒的'可是'呀。可是什么?明白得很,如果我拒不订婚,真的按个人意愿去恋爱结婚,年迈的母亲会伤透心的,她老人家为了我受过多少苦,我就不打算回报了?即便是还账也该为母亲受苦啊。"郁达夫心乱如麻,他怎么也没料到,留洋读书这么久,传统的观念仍然牢牢束缚着自己,一个"孝"字,能让他殉葬掉他视为最可宝贵的东西——爱情。

好似战俘在文书上签字画押一般,郁达夫向学校请了长假。

第一次回到祖国的土地上,郁达夫没有多少兴奋感。半麻木半沮丧中,他只觉得上海比离开时又热闹了不少,但也更乱。除了少数地方,街道大多挺脏,和日本的都市没法比。原打算在上海、杭州一路逗留,见上海不是个清静地方,郁达夫便决定到杭州。他不急着回家,那心情颇似小学生担心回家挨说,放学后故意在路上磨蹭。乘火车从上海到杭州,半天光景就到。郁达夫抵达杭州时,已经是黄昏,他挑了个旅店住下。吃过饭,郁达夫闲着没事,也不想去寻找旧日朋友,怕的是别人问起,便信步出城朝湖滨走去。

杭州是郁达夫几次求学的地方,西湖的风景再熟悉不过,今日故地重游,心境大不相同,不免生出万千感慨。几年的工夫,西湖的面貌大有改变。长了细草的红泥小路弯弯曲曲,在梧桐杨柳交叉的树荫下延伸;入夜后初凉的风儿,把荷花吹得轻轻摇摆。令郁达夫没想到的是,湖边竟有那么多的女子来乘晚凉。她们或成群或三两结伴而行,为夜色添加了活力。为图清静郁达夫转向孤山,过了西泠桥前往苏小小墓,他特意拜谒这位前朝名妓的芳冢,无非是想抒发一下个人愁怀。(苏小小,南齐的歌妓。当年很多富豪贵公子愿出千金娶她为妾,但她不为所动,说,我爱的是西湖山水,怎么可以嫁入侯门坐牢呢?)

是夜,月光皎洁,西泠一带杳无人踪。郁达夫站在墓边,拣了个地方坐下,心里稍感踏实。千百年来,这杭州城出了多少英雄豪杰,为什么苏小小,一个歌妓死后,人们要为她树碑建墓维护至今呢?也许人们和我此时的心情是一样的吧,看重一个"情"字。苏小小是重情的,我郁

达夫也重情,可惜,我与她隔了一千四百多年,休叹什么"油壁香车不再逢"啰。郁达夫托了下颏只顾乱想,不觉间又是悲从中来泪向腮边了。

回到富阳,直至推开自家的大门,郁达夫始终弄不明白他究竟是怎么了,如此的无知觉,走时无悲归时无喜。他自忖还是个有骨血有情感的人,怎么在别人该激动的时刻,自己却这样的冷血?家中只有母亲、祖母两人,翠花已经嫁人他是知道的。看见母亲祖母婆媳二人又增添了老态,郁达夫不免神伤,尤其是祖母,老迈得连说话都含糊不清。她们婆媳间变得相安无事,很大程度上是因为祖母现在没气力吵嘴也没心力生气了。而母亲的老以及她对儿子的疼爱,此时在郁达夫看来,差不多都变成了砝码,变成了条件。为了回报这份爱,为了抚慰这份老,他须得与孙家女成婚。楼上小书斋早就被打扫干净,郁达夫和祖母说了会儿话便上楼歇息。母亲看出儿子心情不佳,早猜到是和那门亲事有关,所以她也不再多讲话了,以异乎寻常的温和态度帮助郁达夫收拾行李,让他安睡。

相亲之前,郁达夫在富阳城里转着看了一番,没见到往日春江书院的同学,有意无意间又来到赵家墙外。逡巡中他想起从书院毕业的那个令人陶醉的夜晚,花厅中月光下莲仙那光洁如大理石似的脸蛋历历在目。他还想起了当年曾于此处与莲仙走向学宫,那春光那飞絮,令他吟出"三月富春城下路,杨花如雪雪如烟"的佳句。如今那抬手捕捉杨花、叫他心儿乱动的女孩在哪里呢？听说她还似从前，时而住在上海时而返回富阳，也许这会儿她就在墙里。然而，早已嫁作他人之妇了。郁达夫感到与莲仙隔的不是一道墙，而是整整一个太平洋。

"一失足成千古恨，昔人诗句意何深啊。"他脱口叹了两句，便怏怏地离开，无可奈何地去面对现实了。

八月初的一天，郁达夫觉得不能再拖延，终于衣冠整洁地来到孙家宅前叩响大门。

听到下人一句"郁家三少爷来啦"，孙孝贞、孙伊清父子连忙出来，非常热情地把郁达夫请进客厅喝茶叙话。见到了留学日本的乘龙快婿，孙孝贞喜不自禁，一个劲儿地问这问那。偏郁达夫心情全不在此，只礼节性地应酬着，有时干脆就只是"是的""还好""没听说"。

孙家长子孙伊清显然是个场面人物，见谈话变得有点干涩，从旁提醒道："是不是该请小妹出来一见？"孙孝贞这才叫人到后边请小姐。辛亥革命后，乡间士绅受风气影响，也开始变得有点开明，即便是包办婚姻，亦不一味拘泥旧礼，入洞房之前男女相见还是可以的，反正最后是要做夫妻的，看上一眼也算不得伤风败俗。

"小妹名兰坡，字潜媞，算来比三少爷小一岁。小妹愚钝，不过平日在闺中也粗读了一点书。"对于孙伊清的介绍郁达夫没怎么往心里听，只是漫应着观看从后边走出的未婚妻。这是位典型的江南女子，相貌平平，娇小单薄，原本苍白的脸上略施薄粉，就更显得没了血色，与郁达夫见惯的体格结实的日本姑娘相比，病态十足。她双目低垂，只偶尔抬眼瞥一下郁达夫，也想看看未来的夫君什么样子。待孙小姐落座，郁达夫看见她那玄色长裙下露出一双缠过的小脚，心猛地往下一沉。

初次相见，没什么好说的，无非很客套地相互问候。但郁达夫很敏锐地发觉，眼前这位谈吐不俗的孙小姐，品质纯洁心地善良，若按旧日标准衡量，还是个能相夫教子、颇具荆钗布裙风的理想妻子呢。孙小姐略坐了坐便回了房，郁达夫随后也起身告辞。

从孙家出来，郁达夫心思缭乱。初次会面女方给他的印象不过是"亦有可取处"，但离他心目中的要求还差不少。儿子的态度加重了母亲的心理负担，她哭天抹泪地坐在郁达夫床边：你是我的奶末头（小儿子），娘怎会不疼？说下这门亲事自然是为你想，孙家人好家境也好，看着儿成家立业过上安生日子，为娘死也合得上眼。郁达夫只得违心相劝，可他心里边暗暗叫苦：孙小姐呀，这一切不怪你也不怪我，全是两个家庭把我们一对生人绑到一起，你是我不能爱而又不得不爱的人。我不过勉强应承了婚姻，你知道吗？

第二天，一陈姓人送来了孙兰坡的书信。看到书信，郁达夫惊讶她的文字简洁、笔迹秀丽，简直能压倒前清秀才，他对未婚妻又多了一分好感。

令郁达夫自己也没想到的是，离开家到了杭州时，他居然思念起未婚妻来了。那天他趁夜登上杭州的望月楼，发现月光已经沾满衣裳，他猜想，孙小姐此时大概正守在闺房之中思念着未婚夫或是已安然入睡，自己正出现在她的雾状的梦境里？郁达夫倚着栏杆抬头观月，又作了首《重过杭州登楼望月怅然有怀》：

走马重来浙水滨，征衫未涤去年尘。
可怜一片西江月，照煞金闺梦里人。

此后，郁达夫与未婚妻隔着大海书信往来不断，两人不时互赠诗篇。郁达夫建议孙兰坡改名为"荃"。荃是一种香草，孙荃的意思乃是孙家之香草。未婚妻欣然接受了这个名字，真的就改叫孙荃。既然已经是郁家的人了，离开父兄肯定是要从夫，改不改名都不打紧。孙小姐那边痴情等待，郁达夫这边却迟迟不想确定婚期：原因不仅是他还有太多的事要做，而且缺少结婚的勇气。他能一口气给孙荃写好几首诗，但他始终怀疑，一个读书留洋的新派人物，同一个满脑子三从四德严守妇道的旧式女子结合，会不会幸福？当然，郁达夫不会说谎，他在诗中已经言明，婚事要往后拖：

此身未许缘亲老，请守清闺再五年。

第二十六章

回首中原事渺茫

1919年,郁达夫在名古屋"八高"学习了四年之后,顺利毕业。

是年,五四运动在国内爆发。郁达夫听到消息后,扬眉吐气,大为振奋:火烧曹汝霖的宅子,好!痛殴卖国贼章宗祥,好!5月7日那天,他特意穿得整整齐齐,来到照相馆,拍下一帧富有纪念意义的照片。今天,是国耻纪念日,章宗祥被打,真是痛快!从今以后每年的这一天,我都要留一张照片。他想着,连呼"痛快!"

6月28日,郁达夫于晚间得知,高等学校毕业生名单已发布,他榜上有名,这下可以进入大学念书了。郁达夫高兴得一夜未合眼。

就要离开名古屋啦,郁达夫给服部担风先生、富长蝶如等师长友人写诗留念。7月1日,他坐车向着东京出发。这一路他可谓"春风得意",走得十分轻快,因为他要到东京帝国大学上学了。这次郁达夫没有继续学文,而是报名经济学部,转学经济。在他看来,中国如欲改变贫穷落后的面貌,就非得抓好经济建设不可,经济如果上去了,国家的其他问题也就好解决了。他要学有所用,报效祖国。

令郁达夫出乎意料的是，报效祖国的机会来得特别快！抵达东京不久，他便接到大哥来信，要他于9月间回国参加外交官和高等文官的考试。郁达夫周身的热血再度沸腾。一连几天他坐也不是站也不是，出出进进，也不晓得该做点什么。坐下来读书，准备赴京应考吗？用不着哇，日语、英语、德语，早就精通，奉节出使哪一国也不在话下。凭了满腹经纶和一腔爱国热血，断不会在巴黎和会那类的场合下任人宰割致丧权辱国。考一个小小的外交官，当不成问题！至于文官考试，就算是高等文官考试，又算得什么。文章事，那是家传的本行，又何须临阵磨枪？凭了这只胳膊，凭了这只偷天妙手，何等的诗文写不出？考一个小小的文职官员，当不成问题！

人总有困倦的时候，郁达夫躺在席子上，竟做了个不伦不类的梦。紫禁城中金銮殿内，龙椅上端坐着个皇帝类的人物。"皇帝"不穿龙袍，竟戴着高筒的军帽，扛两个带金穗的肩章，双手扶着银色军刀，八字胡向上翘。大殿里黑压压的文武官员，位列东西两班。郁达夫还是一身学生制服，在殿中央来回踱步，一手持文稿，一手不断挥动，铿锵有力地给皇上朗读，那文稿是给国家写的一道《平边策》，里边全是保卫国家扫平外患的高超策略。他话音刚落，文武百官欢声雷动，皇帝离座，亲手送他一柄张骞、苏武出使拿的那种节杖。

一觉醒来郁达夫浑身不自在，很后悔没披件衣服入睡。正愣神儿，富长蝶如找来了。郁达夫霎时间有了精神，与诗友畅谈，不觉天色近晚。两人出了寓所，信步走到帝国大学门前。郁达夫深感世事无常，才说要进这家大学念书，又要赴京赶考了，谁知道以后会是什么样子。他们进了间小酒店对酌起来。郁达夫不禁提到回国考试的事，大谈他日后"整理颓政"的治国理想。

"达夫君，你曾给日本同学改过日语作业，我也想给你这即将归国的中国朋友，做点归国的叮嘱。"

郁达夫喝得愉快，抬起头看着富长蝶如，兴趣盎然。

"以君之才，此次回国，榜上有名是没问题的了。不过你也该把平日不爱和人说话的习惯改一改，以后从政，免不了要和上下左右的人周旋，太孤傲了，不妥的。"

"那是，那是。"郁达夫微笑着将两只空杯斟满，"十年后若成名，当迎君！"

"干杯！"

送走朋友，郁达夫回到宿舍，觉得肩膀处微微有点酸痛，想是白天打盹着了凉。

好不容易盼到九月，郁达夫立即回国。他从横滨坐船，途经长崎，看到冒着黑烟的日本军舰，船上的日本旅客拥到舷边挥动着帽子手帕冲着战舰欢呼。郁达夫嘴角衔着一丝微笑，远离人群，转到船的另一侧舷边，独自眺望远近景致。东边是大海，那么西边就该是昆仑啦。一心飞向北京的郁达夫，胸襟忽地特别宽广，他感到仿佛是站到了高高的云端之上，高山大海全都收入视野之中了，一种欲囊括天地的情怀升起，又成一诗：

　　长崎山市势横斜，一带民风似汉家。
　　西望昆仑东望海，行人飞驿到京华。

回到家乡，郁达夫仅在富阳住了几日，便又打点行装，出发北上。这一路行来，郁达夫振奋不已，认为自己已经踏上了施展平生之志的大道，情绪高涨，诗也作得勤。谁说只有苦闷愤怒出诗人，欢畅兴奋照样出诗人，而且诗句往往大气磅礴。过长江时，望着青绿色的滚滚波涛，郁达夫想起黄河的浊流，觉得此行北上应试，无异于把南方清新的空气携到北地，自然与北洋政府那班浑浑噩噩的腐官大不同。呼吸着江水的鲜凉气，郁达夫脱口而出："不应扬子江头水，浊似黄河百岁潮。"

赶到北京，郁达夫径直住进大哥郁华家中。在大哥家他还见到了同来应试的二哥郁浩。兄弟三人京师会齐，但因外交官的考试就要举行，也不多叙谈，各自抓紧时间休息、准备。一切都在紧锣密鼓地进行。

9月26日，外交官考试结束没几天，结果就出来了。郁达夫挤上前看榜，怎么也找不到自己的名字。真没录取上？他正纳闷，就听旁边一人像是说给别人听也像是自言自语地愤愤道:"看什么看,看也是白看,录取名单早在考试前就内定好了的。事先不去托关系找门子,现在观榜有什么用?"言罢那人环视四周,好似在问:"诸位,你们哪一个高中啦?"观榜的人们发出一阵叹息,失魂落魄地散了。郁达夫站了一会儿,忽地转身离开。他没想到,官场黑暗考场也黑暗,任你才学出众,没有根底门径也还是枉然。

几天后一个清秋明月之夜,郁达夫毫无目的地漫游,不觉间走到一处破败不堪的大宅前,但见门塌墙颓荒草丛芜。听散居在这里的住家讲,这本是前清某亲王的府邸。郁达夫动了兴致:观观王府也好排遣胸中郁闷。穿过几重破旧的院落,他来至一所花园,借了月光可清楚看到花园情形:同样一副衰败相。园子显然着过一场大火,烧得亭台楼榭只剩下瓦砾一堆,不过从台阶、房基和柱脚石仍可依稀分辨出从前的格局。触景伤情,郁达夫几日来那种被丢弃的感觉此时又变得强烈起来。他仰望着浮游于云中的皎月,悲愤难平:

"庸人之碌碌者,反登台省;品学兼优者,被黜而亡!世事如斯,余亦安能得志乎!余闻此次之失败,因试前无人为之关说之故。夫考试而必欲人之关说,是无人关说之应试者无可为力矣!取士之谓何?"

郁达夫见那边有一段墙壁,还不曾被烟火熏烧,便拾了两段烧焦的木枝,以墙作纸以月为灯,题诗一首:

江上芙蓉惨遇霜，有人兰佩祝东皇。

狱中钝剑光千丈，垓下雄歌泣数行。

燕雀岂知鸿鹄志，凤凰终惜羽毛伤！

明朝挂席扶桑去，回首中原事渺茫。

诗尾处，郁达夫落款："江南一布衣题。未加冠，也未取得功名，自然是布衣了。"几个字写得格外有力。丢掉炭枝，郁达夫觉得心情好了许多，看天色不早匆匆离开王府。

回到家，郁达夫见大哥大嫂和二哥郁浩一起过来，就知道自己回来太迟让他们操心了，不由先赔了个乖巧的笑脸。果然大家又是一阵开导劝解。他忙表示不会因一次受挫就萎靡不振，世事还是看得开。回到房间，郁达夫暗自鼓了一把劲，两周后的高等文官考试一定要用尽全力，这次可是势在必得了。

对文官考试，郁达夫果然更加郑重。10月19日这天，他早上三点就起床，带上文具赶赴设在紫禁城内的考场。冷风扑面，郁达夫早没了睡意。进东华门时，他无意中发现地上一片微蓝，像是撒了一层寒霜，举头观望，星稀月淡，正冷冷地照耀着人间。钻入东华门高大黑暗的门洞，强劲的寒风顷刻吹透他的全身，郁达夫不由自主地低头缩颈，双臂抱在胸前顶风前行。他来到太和殿外的明堂等候点名,可这里还没有人来,只有他自己在空荡荡的殿宇间徘徊。他一边活动着身子一边观望周围,东方刚刚显出一点亮意,巍峨的殿顶呈现出剪影般的轮廓。郁达夫前前后后想了很多事,瞬间万般心思凝结成了几句诗,他轻声吟出:

> 疏星淡月夜初残,钟鼓严城欲渡难。
> 耐得早朝辛苦否?东华门内晓风寒。

郁达夫怀着难以言尽的心情,在大殿外边苦苦地等待,等待。

然而,这一次考试,郁达夫又没被录取。

心灰意冷的郁达夫这一回反倒十分冷静,他内心已经凉透。他看得出,什么政治热情,什么报效祖国,在腐败的北洋政府面前,是没有一丁点用处的。别说是去改革它,就是进都难以进去。他感到在东京所发的"回国定要整理颓政"的誓言,简直近乎可笑。唯一令郁达夫感到安慰的是,二哥通过了文官考试,分到海军部。虽然二哥志不在此,但他至少得到了一个比较优越的职位,这在始终未能挣钱养家的郁达夫眼里,总归还是件可贺的事情,家里总还需要有人来管。

10月,日本东京帝国大学举行入学仪式,郁达夫的名字已在经济学部经济学科的花名册上,可他本人还在北京为文官考试而忙碌。一直到十一月中旬,这期间因内心巨大的悲哀郁达夫无心做事,只是四处走走看看。可是北京已不是他该待下去的地方了,一段时间以后,郁达夫的心情稍稍缓解,觉得也只好回日本到东京帝国大学念经济学,继续深造。

郁达夫又踏上了出国之路。从此以后,他不再抱做官从政的幻想,学而优却不能仕,现实真正教育了他一番。离开北京城的时候,郁达夫灰心极了,一出城门,就像卸下副重担似的长吐一口气,从腑内流出一首《己未出都口占》:

芦沟立马怕摇鞭,默看城南尺五天。
此去愿戕千里足,再来不值半分钱。
塞翁得失原难定,贫士生涯总可怜。
寄语诸公深致意,凉风近在殿西边。

回东京不久,富长蝶如又来看望郁达夫。郁达夫把他那只长方形的铜砚池塞到诗友手里。见砚池上镌有"郁文"二字,富长蝶如知是伴随郁达夫多年的东西,睁大眼使劲看着对方。郁达夫一脸淡然:"考场上用的东西,奉送足下吧。"

第二十七章
"沉沦"后的永生

却说郭沫若从东京"一高"毕业后,就与郁达夫分了手。郁达夫去了名古屋的"八高"而后进入东京帝国大学转学经济,郭沫若进入冈山的"六高"而后考入九州帝国大学,依旧学医科,但是比郁达夫早一年上大学。此时郭沫若已经和一日本女子佐藤富子结了婚,并有了一个男孩。佐藤也就是郭氏自传中的那个安娜。郭沫若是个富有反抗精神的人,他不满意家乡为他安排的封建婚姻,也不理会与日本女人结合招来的流言蜚语。从这点讲,郭沫若起码外在性格要比郁达夫来得强烈。然而性格归性格,现实也还是现实,一家三口全靠郭沫若每月的那点官费金度日,也只好勒紧腰带苦捱时光。

升入九州帝国大学,郭氏一家三口来到九州岛北端的福冈县,生活更加困难。郭沫若也不免叹出"寄身天地太朦胧,回首中原叹路穷"的诗句。烦闷时他不免要到附近的海滩上散心。那天他出门前往海边,路上意外碰到了以前同在东京"一高"预科读书的同学张资平。这时张资平还在九州熊本"五高"念书(后升入东京帝国大学)。郭张二人都爱好文学,又是熟人,这次相遇他们自然十分欣喜，便一同走到海边。漫步当中俩人聊着聊着就谈起了文学，谈到中国文学现状。俩人对现状都很不满：偌大的一个中国竟没有纯文学杂志，太不像话。

"其实我早就想过，我们找几个人办起一份纯文学杂志来，采用'同人杂志'的形式，不用文言，一律使用白话，这该多好。"

"可是，怎样才能把人召集起来？"张资平道。

"成仿吾没有问题，"郭沫若说，"我们在冈山'六高'时很要好，曾经一起住，一起上学，还一块儿登山划船。我了解他，此人酷爱文学。"

"那，咱们'一高'的同学郁达夫也很理想。老郁很能写的，这个你清楚嘛。"

一时他们也想不起别的人，四个人就四个人吧，只要努力，照样可以把杂志办起来。"达夫那里，有机会我是要去看看他的。"郭沫若说。

光阴荏苒，一晃眼的工夫，距郭沫若、张资平他们那次海滩散步交谈又过去了两年多。这两年多的光阴，郁达夫经历了多少不顺心的事啊。旧式的封建婚姻，叫他痛苦万端，只是为了慰藉母亲才勉强答应下来。之后，孙荃给他的印象虽有改变，两人也书信往来不断，并互赠不少诗篇，但郁达夫始终找不到真爱的感觉。对孙荃，他最多只有好感、怜惜或者说是有些喜欢，但离他渴望的那种可以为之去死的感情，相差还很远。但就是在这样没有激情，没有难以抑制的冲动,没有不顾一切去爱的情况下,郁达夫谨遵家长之命,和孙荃结婚了。他所能做的,只是力主婚礼要简单而已。婚后没几天,他便大病一场,随后默然地回了日本。

在这两年多的光阴里,郁达夫曾满怀豪情地回国,北上京城参加北洋政府举行的考试,希望能由此步入政坛,寻一个能施展才华的地方报效祖国。可是,两场考试均告失利,郁达夫心灰意懒,怀着对北洋政府绝望透顶的心情,凄惶惶愁惨惨地回到日本念书。旧时文人的心目中,把科场得意考取功名叫作"大登科",把情场得意洞房花烛叫作"小登科"。郁达夫虽然是新式的文化青年,但大、小登科全都失败,光这份挫折感也够他受的。这还不算,入大学念经济专业后,他原想写一部《中国货币史》,但条件所限,没有写成。他也曾准备与名古屋"八高"的几位日本同学合办一份日文杂志,并打算在创刊号上发表他已写成的日文小说《圆明园一夜》。可是由于经费不足,也未成功,小说后来也一直没有面世。唯一让他小有快意的,是有一次在中国留学生集会上,一个日本政界的显赫人物,有"宪政之神"称号的众议院议员尾崎行雄发表歧视性讲演,惹怒了郁达夫。他不顾这个人称"狮子吼"的政界老油条怎样善于雄辩,仍然敢怒敢言,上台去用流利的日语一阵暴风雨似的指责,可谓是慷慨激昂义正词严,当场击败了尾崎。会后留学生们纷纷向他致贺。但这又能怎么样呢？郁达夫仍很失落，一场舌战的胜利是能救国还是能救己？

屡屡碰壁之后，郁达夫又缩回学校念书，缩回宿舍里读小说。这期间他迷上了日本当代小说，夏目漱石、森鸥外、上田敏、二叶亭四迷等人的作品他都喜欢，然而他最崇拜的还是佐藤春夫。郁达夫很推崇佐藤的成名作《田园的忧郁》，作品的忧郁情绪深深地打动了他。后经田汉介绍，他还常去访问佐藤春夫。不觉间，郁达夫惯写诗歌的手，开始勤于写小说了。寂寞、失意也许对于郁达夫这般有着文学天赋的人极有好处，他可以心无旁骛地静静思考，营造出另一个天地。也许这个时候，更宜于他打开艺术闸门，让灵魂驰骋遨游，上达青天下入黄泉，纵横无遮拦。

如今的郁达夫，不再是编织欧式故事的多情少年，稚嫩浅薄，"为赋新词强说愁"。他经历过不少坎坷与悲苦，他还写过好几篇小说，虽大多不成功，但这是不可缺少的艺术磨炼历程。郁达夫开始进入他小说创作的成熟期，渐近辉煌。如果说写诗他有先天优势的话，那么写小说则更多地借重了他的人生阅历和发奋努力。

上野公园的不忍池永远是清水一泓，湖边树木环绕，苍苍翠翠，把晶莹的湖水遮掩起来。夜晚的池畔，一幢名为"池之端"的下宿的二楼上，有一扇窗户被橘色的灯光染亮。灯光虽弱，但在沉沉黑夜里它仿佛是唯一富有生命力的希望所在，于无边的幽暗沉寂中，兀自不甘灭亡似的顽强地撑着挺着。纵不能如太阳那样把普天下照亮，可在巨大的黑暗中，这一豆之光也没有被压死没有被吞噬。

房间内，郁达夫蓬松着头发，挥笔疾书。不久前他刚刚写完一篇小说《银灰色的死》，寄给了上海《时事新报》副刊《学灯》，此刻尚未发表。现在郁达夫又被阵阵难抑的创作冲动催赶着，必须拿起笔来。当初在国内他是怀着对可诅咒的教育制度的彻底失望，才愤愤离开学校，东渡扶桑，为的是求学问寻发展，可他万没想到在这岛国上会有如此多的歧视、偏见在等待着他。尤其近几年，无论在日本还是在国内，失败、压抑、苦闷，遭歧视、受贫寒、遇打击，报国无门，前程渺茫，事业未定，婚姻失意，结成联合战线将他团团围住。郁达夫饱尝了肉体上、精神上的折磨，形形色色的痛苦几乎让他窒息。生活的磨难使他产生过自杀的念头，有过出家的打算，可郁达夫到底是郁达夫，他就是不能庸庸碌碌地混日子。所以几度潦倒后他还是挣扎着站起，苦撑着寻找属于他的一方天地。

现实的重压、心灵的苦闷逼得郁达夫不得不拿起笔去宣泄，去抗争，哪怕是疾呼也可稍稍缓解压迫感。郁达夫觉得四下里尽是愁云惨雾，令人不安，笔下一抖，写出一行小字：

"他近来觉得孤冷得可怜。"

"他"是谁？是小说里的主人公？主人公是谁？郁达

夫想到这儿,脑际自然而然地显现出一个头戴四角方呢帽,身着普通呢料制成的有着铜纽扣大学制服的人。他二十五六年纪,眉清目秀,一副江南弱质书生相。"主人公就是我,也只能是我",郁达夫鼻头一酸,差点泪洒胸前。用不着花心机考虑使用第几人称来写作了,不论你、我、他,主人公也还得是郁达夫!用不着费心思编织故事、安排结构了,这些年的凄风苦雨早就足够了,只管写来便是。尽管我渺小、薄弱无力且被社会折磨得伤痕累累,但越是这样我就越要写。社会不顾及我,我又有何顾忌?打破一切框框,抛开所有的桎梏,写我,真实的我,赤裸裸的我。

顷刻间,郁达夫仿佛升到高处,用灵魂俯看着人间的"他"。郁达夫不像是在写作,简直是在作画,但他绝不用宣纸素绢,不用丹青松烟,干脆用一块结实厚重的画布,把大筒的油彩挤出来,拿笔大块地挑起来痛痛快快地往麻织的画布上猛力涂抹,他要把"他"的肉体和灵魂像西方宗教画里的人物那样,赤裸裸展现出来。

"他的忧郁症愈闹愈甚了。"

郁达夫把往昔情景亦真亦幻地一幕幕搬出:

学校里的教科书"他"觉得味同嚼蜡,一有机会便捧了本爱读的文学书跑到人迹罕至的山腰水畔……

在学校,"他"总觉得众人都在审视自己,那眼光是含了恶意射到"他"的后背上面。

他们在笑，笑我！日本学生的欢笑"他"疑心是嘲笑自己，连那两个穿红裙的女学生都不例外。"他们都是日本人，他们都是我的仇敌，我总有一天要复仇。"

写到这里，郁达夫仿佛看到空中浮动着千万个大大小小的嘴唇，露出日本人特有的前突的上排牙齿，轻蔑地一撇，吐出句骂人的话。但他没有停笔，继续往下写：

预科毕业后，"他"乘车离开东京，来到 N 市高等学校读预科。在 N 市旅馆中，"他"窥见旅馆主人的女儿洗澡，犯罪感迫使"他"逃去。

搬出旅舍住进梅园，"他"的忧郁症"又变起形状来了"。

为了一些小事儿，"他"同长兄竟起"龃龉"，于是一封长信发往北京，与长兄绝交，且为报复长兄，"他"把所学的医科丢弃改入文科。"他"感到自己是世上最苦的人，只有靠着天外来音，受冤屈的心才稍稍舒畅。

一次散步，"他"无意中遇上一对偷情的男女，"他"痛苦自责："你去死吧，你去死吧，你怎么会下流到这样的地步？"

苦闷、压抑，令"他"不住地呼喊：

"槁木的二十一岁！

"死灰的二十一岁！

"我还真不如变了矿物质的好，我大约没有开花的日子了……

"苍天呀苍天,我并不要知识,我并不要名誉,我也不要那些无用的金钱,你若能赐我一个伊甸园的'伊扶',使她的肉体与心灵全归我有,我就心满意足了。"

郁达夫含泪将笔锋一转,写起那个令人伤心不已的风雪之夜。

孤独的"他"无头绪地跳上电车,一直坐到终点。海岸边,"他"听到女人的娇唤声。"可恶的东西,你们竟敢欺我胆小吗?""他"面如火烧,咬牙捏拳宣战般地走了过去……

小说结尾处,郁达夫简直是蘸着泪水设计安排:

"他"来到海岸边。远岸的渔灯鬼火似的招引着"他",海面仿佛现出一条淡青色的路,"他"再向西天一看,西方青苍苍的天底下有一颗明星在闪烁。那明星底下不就是我的故国吗?他想起苦难中的祖国,想起自己身处异邦所受的种种侮辱,泪如雨下。"我再也不爱女人了,我就爱我的祖国,我就把我的祖国当作了情人吧。"可是"他"已决意蹈海葬身,再也不能和祖国见面了。最后,泪水模糊了"他"的视线,主人公长叹一声:

"祖国呀祖国,我的死是你害的!

"你快富起来,强起来吧!

"你还有许多儿女在那里受苦呢!"

郁达夫写罢小说,泪水早已糊住了他的双眼。他在卷首写下小说的题目"沉沦"二字,扔下笔,仰倒在席子上无声地哽咽。

他记不清连续写了几个昼夜。草稿打成，文章还需要修改，但《沉沦》这个名字是不会变了。郁达夫在沉沦中亡去了肉体，而涅槃后的灵魂，已飞向了窗外那初升的朝阳。连日蘸着血般写作，他眼圈发乌，脸上没了一丝血色。一番辛劳虽还没来得及将他折磨得形销骨立，可眼下他也是浑身无力，气若游丝了。

朝阳染红了东窗，映红了不忍池的湖水。郁达夫伏在席上，斜盖件呢子学生制服，安详地睡了。不朽的名著《沉沦》的草稿，就零乱地摊在他身边的小桌上。

不忍池被小鸟们的吵闹声唤醒，在初日的照耀下，它又显出了清秀的容颜。不过现在它还不知道，以后它会随着《沉沦》的发表、流传，引起世界上那么多人的注意，从而成为一方广为人知的池水了。

第二十八章
真朋友

东京,骏河台杏云堂医院。黄梅时节,一层厚厚的灰色湿云将青天遮盖。一连数日,医院都在灰暗的色调中无神无采,好像也害上了病。

这日天气转晴,郁达夫一睁眼就觉得心情很好,他住的这间三楼的病房,马上被阳光照亮。一个多星期以前,他因接连痛饮了几场酒,把肠胃弄坏,还发起了高烧。近两天病情转轻,可阴沉沉的梅雨天又叫他心情不好,眼看春天将过,竟不能外出游玩散心,实在憋闷。还有那令人倒胃口的牛奶,他一点也不爱喝,可医院有护士监管,他不得不天天喝。医生认为喝牛奶可以补身子,而且对胃病有好处,但郁达夫觉得,如果要滋养身体,他宁可吃猪肉。

天气晴好令郁达夫感到舒畅,不知是否属于精神作用,他居然有了饥饿感。过去在富阳老家他总听老人们讲,生病的人一想吃东西,病就好得差不多了。郁达夫对此深信不疑,所以现在他自感病已经基本痊愈了。十二点时,郁达夫一气吃了三块面包,喝下一瓶牛奶。这顿午饭吃得蛮香,郁达夫下床在病房里开始"饭后百步走"。没走几步，郭沫若忽然推门进来。他们有六七年未见面了，近来为成立文学团体的事情，通过好几封信。郁达夫只知郭沫若这一阵为办一份纯文学杂志忙着和上海出版界人士接触，没想到他竟寻到医院来了。

"达夫，你还认得我吗？"

"怎么会不认得，你可清瘦多了。"

"你也老了许多，我们在预科的时候，你还是一个小孩子咧！"

郁达夫早就盼着和郭沫若会面。没见到他之前，郁达夫心里有许多话想和他说，可是现在老友相见，郁达夫却什么也说不出。"十年别泪知多少，不道相逢泪更多"，他想起古人的诗句，自己的泪就想落下来，连忙使劲忍住。再看郭沫若，一身旧衣旧帽，意气消沉，也正极力控制着感情。两人都怕激动起来引得对方不好受，隐忍了好长时间没有说话。

"这次我来东京，下车就去你的下宿找你，听说你住院又急忙赶来医院，连你得什么病都没顾上打听。"

"胃病，胃病，喝酒喝多了，不大要紧的。"

"哦？"郭沫若将信将疑。他是学医的，见郁达夫精瘦不堪，两颊略泛潮红，心下怀疑他是得了肺病。郭沫若既担心朋友的身体，也担心郁达夫患肺病。得肺病经不得太辛苦，他们日后的文学大计还得让郁达夫做主力呢。

郁达夫似乎看出郭沫若的心事，他们为文学团体一事已经准备很长时间了。去年春，郁达夫在东京寄宿的不忍池畔的二楼寓所，邀集东大同学成仿吾、张资平为创办一份新文学刊物之事进行过商议。他们还邀请了福冈的郭沫若、田汉参加会议。郁达夫、张资平两人买来橘子大家边吃边等，可郭沫若、田汉都没能来。会议到底没有开成，最后成仿吾背上书袋连叫了几声"马鹿"（日语中指代稀里糊涂的情况和人物）就走了。

"开贞，去年开会你和寿昌（田汉）没能到场，我真的好遗憾呀。那次'会'而未'议'的会议，我们几个吃了一肚子橘子，后来我们把它叫作'橘子会'呢。"

郭沫若想笑，可笑不出来。四月间他和成仿吾应上海泰东图书局之邀回上海，准备参加图书局编辑工作。不料到了泰东，人家已经有了编辑班子，他们只能帮着编书出刊物，迟迟接不到聘书。成仿吾只好暂回家乡，到长沙兵工厂做工程师。郭沫若为他们的纯文学杂志又苦撑了一段，几次与图书局经理交涉，后虽有了眉目，但具体运作问题还没定，连杂志的名字也没定下来。于是他又重回日本，广泛联系朋友商议。几天前郭沫若回到福冈，不料离家仅两月，他的妻儿已因交纳不起高额租金被房主逼得搬了家。当看到妻子和蓬头垢面的儿子女儿时，他不由得"泪浪滔滔"。略微安抚了妻儿后，次日郭沫若又乘车前往京都，在那里他会晤了郑伯奇、穆木天、张凤举、李闪亭、沈尹默等人，收获了不少好意见。之后，郭沫若就赶到了杏云堂医院。只是他和郁达夫讲起这番经过时，把妻子受委屈的事跳过没谈。

"那么，上海文化界现在有起色吗？"郁达夫问。

"再不要提起！"郭沫若摇头叹气，"上海的文氓文丐，懂什么文学！近来什么小报，《礼拜六》《游戏世界》等等又抬起头来，滥调笔墨中都充溢着竹（麻雀牌香烟）云烟（大烟）气。其他一些谈新文学的人，也把文学团体当作工具，好和政治团体接近。文坛上的生存竞争非常险恶，他们那党同伐异、倾轧嫉妒的卑劣心理，比从前的政客们还要厉害，简直是歇斯底里的患者！……"

"但是我国的鉴赏力，和这些文学的流氓与政治家，恐怕如鲍郎郭郎，相好相配。我们的杂志，若是立论太高，恐怕要被孤立。"郁达夫故意用平静的语气说，他担心才高八斗豪气冲天的朋友到时候会把杂志办得太超前，高处不胜寒。而且，郁达夫办杂志的宗旨里始终有一条挂在心间：为普罗大众服务，为教育农民、娱乐农民努力。

"先驱者哪一个不是孤独的人？我们且尽我们的力量去做吧。"郭沫若犹自慷慨不已。

受到朋友感染，郁达夫也变得激动，道："开贞君，我会尽全力支持咱们的杂志。我可以很快出院，出去后就写东西。杂志不论是月刊也好季刊也好，每一期我可以担任一两万字的文章。"

至此，郭沫若觉得此次东京之行任务已经完成，剩下的事就是快点把摊子支起来。"杂志的名字叫什么好？达夫，既然我们是先驱者，那我们的杂志也该是有创造性的，就叫《创造》吧。"

"赞成！《创造》很好。"郁达夫说，"这个名字很响亮，回头再和仿吾他们商量，相信他们会同意。"

天色渐晚，郁达夫大病初愈，觉得倦乏，就劝郭沫若在医院找个地方睡下。

次日，郁达夫清晨六点就起床。洗脸时对着镜子一照，看到眼窝上又加了一层黑圈，两边的颧骨更高了，颧骨下两腮缩得现出两个黑坑来。"哎呀，我可是太瘦了，太瘦了！"正伤神，郭沫若来了，两人又聊起文艺上的种种事情。

吃过早饭，郁郭二人在一名护士的陪伴下，去医院附近一座名叫尼哥拉衣的俄国教堂散步。他们兴致很好，登上了教堂钟楼的最高处。尼哥拉衣教堂钟楼足有三百尺高，站在钟楼绝顶处，东京全市一览无余，浅草的"十二阶"（当时东京最高的十二层建筑，后毁于东京大地震）看上去如同小孩的玩物，街上的电车如同小动物，不声不响地慢慢爬行，西南的地平线就像是和海平面相连接似的。守钟楼的人说，今天因为天气不好，所以看不见海上的帆樯，天气晴朗的时候，东京湾里的船——可以数得出来。

风乍起，郁达夫打了个寒战，想起昨天和郭沫若的谈话，真是高处不胜寒呀。他真想把自己的想法再和郭沫若聊聊，中国是个农业国家，欲成大事非依靠农民不可，他认为将来兴办纯文学杂志，也应考虑到农民才对。一个对农民有价值的杂志，才是中国新文学最伟大的刊物。农民，他们是多么需要文学，多么需要受教育啊。几千年来他们在自己的土地上耕作，辛劳艰难，却从没有想到过要改变自己的命运。受灾害，农民就忍饥挨饿卖儿卖女；获丰收，他们全不知该积攒财力学习知识改善农耕技术，而是把大把的钱用来建造庙宇，好去磕头烧香祈求神灵保佑。文学，应该为农民做的事情实在是太多太多。见郭沫若兴致勃勃地观赏远景，郁达夫只好暂且把话留在肚内，反正日后说话的机会还多着呢。眼下，还是先齐心协力把杂志办起来才对。

从高处往下看，有点让人目眩，郁达夫忽然想起达伦第奥《死的胜利》里的情节，很入境地对身边的护士道：

"我们干脆跳下去寻个情死吧！"

那护士不明白什么意思，眼睛眨了眨，捂上嘴笑了。于是，郁达夫又是一阵伤感、孤独：一个人从娘胎里生下来，最终不得不一个人回到泥土里去，在我的人生旅途之中，终归等不到同伴啊。

郁达夫正痴痴站着乱想，郭沫若走过来对他说："下边没什么风，这里高，风刮得太大，我们下去吧。你还生着病，可不要受了凉。"

郁达夫正陷于孤独的伤感中，忽得到朋友的热情关心，回过头看了一眼郭沫若，他看到的是朋友真诚率直的面容，心头一暖，真想大哭一场。

午饭后，郭沫若起身告辞。郁达夫舍不得他走，但知他还要去看妻子儿女，还有好多事等他去办，只好送他出门。郭沫若哪里肯，坚持要郁达夫留在病房，自己大步流星地离开医院。郭沫若热情奔放，好像一团火似的，他一走，把火也带走了，屋内顿时冷清得厉害。这时天空忽然又阴了起来，病房里的光线一下子暗下去。郁达夫靠在床上，不一会儿便打起了盹儿。护士进屋送药，郁达夫才醒来。他情绪低落，坐起来朝窗外一望，见一块浓厚灰色的雨云，正渐渐向他的头顶上转移。

"郭君走了，这病房里就好像变成冰窖了。"护士擦拭着药瓶说。

是呀，开贞这一走，四下里都显得那么冰凉阴冷，开贞是把热情带走了啊。郁达夫深知，能遇上这样的好朋友实在不易，真是可遇不可求啊。即便他们之间有什么意见不合，但好朋友就是好朋友。这，才是真朋友！

窗外萧萧索索地又下起小雨。郁达夫感到周身彻寒，恨不得立刻离开医院，追上郭沫若，一块儿去见那些志同道合的朋友们。他对护士说："下雨了，也不知道开贞君的火车现在到了哪里。我明天就想出院，你说，大夫能答应吗？"

护士停下手里的工作，呆呆地注视着郁达夫。

第二十九章

"创造"的艰辛

1921年6月8日午后,郁达夫寓所,东京一间不大的屋内,郭沫若、郁达夫、田汉、张资平等一群年轻人聚集一堂正式开会(成仿吾回了长沙,没能参加会议)。会上,酝酿已久的中国新文学团体"创造社"正式成立了。

这是一群朝气蓬勃、极富才华的青年,他们谈笑风生、指点江山,大有改造旧世界舍我其谁的气概。但他们毕竟年轻,谈着谈着,话就走了题,聊到别的事情上去了。郁达夫连连提醒:"我们还是趁着沫若在这里的机会,商量商量创办杂志的事吧。"

场面静下来,郭沫若用手帕擦了擦宽大前额上的汗,小屋里装着这么多人,当然更热了。"出版事宜,上海泰东图书局方面没什么问题。"郭沫若不紧不慢地说,"杂志嘛,因为是初创,我看季刊方式比月刊好,这样可以从容准备。至于刊名我也想过,谦逊一点可用《辛夷》,夸张一点呢,不妨就用《创造》,请大家商量。"

"《创造》?"有人道,"《创造》好呀!创造不就是我们的宗旨吗?扫尽不平方太平,我们创造出一个文学新天地,让旧世界完蛋!"

"对,就叫《创造》!"大家一致赞成。

郭沫若重又兴奋,高兴地说:"刊名既定,剩下的事情就是稿件问题了。我们人数不多,所以要齐心协力支持《创造》,创刊号的稿件我们利用暑假分头准备,各位兄弟得出力哟。"他的话博得了一片掌声,会议再度出现高潮。郭沫若环视伙伴,人虽不多,但个个都是笔墨高手,感到特别欣慰地说:"我们不但要出杂志,还要出版丛书。在下的诗集《女神》正好可以效力。"

"太好了。"有人接着说,"我向老兄学习,写一首诗,不过题目还没想过。"他的话引起一阵笑声。

张资平被点到名,也表示"正构思一个故事,考试后动笔,暑假交卷"。

"老张,你的长篇《冲击期化石》也可作丛书出版嘛。"郭沫若说完转向郁达夫,"达夫,你呢?"

众人注目之下,刚刚出院的郁达夫不知怎的,自感责任重大,他指指桌上的稿子道:"我这里有一篇《友情与胃病》,不日即可完成。另外先前已有《沉沦》《南迁》《银灰色的死》三篇小说,可以结集出版充作丛书中的一种。近来脑子里不断有东西涌出,我大概还有好多要写的呢。"

最后,大家定下决议,《创造》暂定季刊,出版时间愈早愈好。就这样,一个日后大放光彩的中国新文学团体,终于诞生。

不久后，郭沫若回到上海，一面筹办《创造》出版发行事宜，一面紧张翻译《少年维特之烦恼》，这令他疲惫不堪。而且他发现，要想在上海靠文笔吃饭养活妻儿老小，简直比登天还难，便动了回福冈的心思。这时泰东图书局老板赵南公给他介绍了一份工作，到安庆法政专门学校做英语教授。然而郭沫若对此缺乏信心，加之远在日本的妻儿迁到中国也不容易，于是他想到了郁达夫。此时郁达夫离大学毕业还有一年，功课不成问题，郭沫若相信凭郁达夫的才智，考试前只消翻翻别人的笔记，完全有把握通过。他把这件事告诉郁达夫，郁达夫很感兴趣，自从婚后他一直为没有收入养家而自卑，如去安庆，边教书边做《创造》的主编工作，岂不一举两得？他一口答应下来。

9月初，郁达夫回到上海，住进马霍路（今黄陂北路）泰东图书局编译所，主持季刊的编辑、出版工作。郭沫若同他做了交割，便逃亡似的离开上海，风风火火地看他那正在受苦的妻儿去了。

编译所是一所两楼两底的建筑，坐落在跑马厅西马霍路的德福里内，楼下堆积了书局出版的旧书、旧杂志，并摆着供职员、工友用的床铺，拥挤不堪，通过时得从成捆杂物中的空隙挤过去。楼上是几位编辑住着，郁达夫住在外间堂屋靠近楼梯处，环境嘈杂得很。郁达夫就在这样的环境中工作，好在他一专心也就暂时忘却周围。这时候协助他的还有郑伯奇，郑在京都"三高"读书，利用暑假主动来上海帮忙。郁达夫是个干才,到了泰东图书局没几天就熟悉了办刊的业务。他一面为杂志的创刊号赶写小说《茫茫夜》(他觉得创刊号内没有一部长篇似乎分量不够),一面写《创造》季刊的"出版预告"。随后他又将《纯文学季刊〈创造〉出版预告》(以下简称《出版预告》)发表到报纸上:

> 自文化运动发生后,我国新文艺为一二偶像所垄断,以致艺术之新兴气运,渐灭将尽,创造社同人奋然兴起打破社会因袭,主张艺术独立,愿与天下之无名作家共兴起而造成中国未来之国民文学。

《出版预告》一发表,立刻在社会上引起反响,国内文化界人士无不拭目以待。

郭沫若在日本从报纸上看到这个锋芒毕露的宣言式的《出版预告》,大吃一惊,从心底佩服郁达夫做事的魄力,当下写信给郁达夫,"《创造》预告我昨日早在《时事新报》上看见了。同仁们都希望我们的杂志早出版,资平日前正写信来问。我在上海逗留了四五个月,不曾弄出一点眉目来,你不到两礼拜,便使我们的杂志有了诞生的希望,你的自信力真比我大得多呢!"

郁达夫这边马不停蹄地编定季刊,那边又着手编辑朱谦之的《革命哲学》和自己的小说集《沉沦》,作为"创造社"丛书的第二、三种出版。此前,郭沫若的诗集《女神》已作为丛书的第一种于8月5日由泰东图书局出版,为创造社打响了头炮。待把丛书的事料理妥当,郁达夫便赴安庆法政专门学校教书去了。

10月15日,郁达夫的第一本小说集《沉沦》由泰东图书局出版。《沉沦》的面世,顷刻间在社会上引起轰动,郁达夫的名字也不胫而走。《沉沦》这篇以留日的亲身经历结合对祖国的忧患写成的作品,以全新、大胆、真率的面貌出现,像一股春风拂过中国枯槁的社会,吹醒了当时无数青年的心。作者堪称青年一代的代言人,提出当代青年该如何活下去,活得好一点。所以《沉沦》一出版,立即得到广大青年的喜爱,书局接连印出十几版,发行数达三万余册,这可是当时创纪录的数字。然而这仍旧不能满足读者的需要,《沉沦》每次出版不久便脱销。南京、苏州、镇江、无锡、嘉兴等城市的许多青年,竟专程坐火车到上海来买《沉沦》。青年们争相传阅这篇小说,还有人模仿小说中主人公的行为做派、衣着打扮,简直对《沉沦》崇拜得五体投地。

当然,这篇"在中国是破天荒的尝试"的小说,以惊人的取材和大胆的描写,产生暴风雨式的闪击,使那些假道学假才子们惊骇、狂怒,对《沉沦》乃至对郁达夫的攻击、诋毁、谩骂,也铺天盖地而来。这篇无人不读的作品，既给郁达夫带来了巨大的声誉，也令他饱受来自各方的误解、攻击和诬陷，竟然使得他面临难以立足的窘况。

但郁达夫顾不上理会这些，听任人家说三道四。教书之余，他有忙不过来的事情，他有好多的小说、评论要写，还要忙着编辑出版《创造》，分不过神来。为了给《创造》写篇压卷的长篇，季刊的创刊号一直拖到第二年5月1日才出版发行。这期间创造社同仁着急，他的心理压力更大。外边风言风语不断传来，他还得顶着各种压力为《创造》苦干，郁达夫的苦楚，只有郭沫若最了解。

1922年3月，郁达夫通过了东京帝国大学的毕业考试，获得经济学科的学士学位。他本想继续在帝大文学部学习，手续都已办妥，可是郭沫若希望他到上海主持季刊的工作。最终郁达夫还是为了创造社的大局，于7月回国。就这样，郁达夫结束了长达十年的留学生活。

轮船驶离神户，向着祖国进发，郁达夫不禁感慨万千，这十年的大好青春，他是怎样度过的啊。和第一次乘船离祖国时一样，郁达夫又来到船尾，但这一回离他远去的是日本国土。

"日本呀日本，我去了。我死了也不再回到你这里来了。别了，日本！别了，青春！"

他在甲板上一直站到黄昏，才掉头而去。郁达夫是怀着对日本又恨又爱的复杂心情回国的。

在哈同路民厚南里的泰东图书局新址，郁达夫又见到了郭沫若,他是利用暑假时间接替郁达夫编辑《创造》第二期的。望着郁达夫额头上暴露的青筋,郭沫若心里很不好受,郁达夫又瘦了,他实在是太疲倦了。然而无论如何,季刊的事情也得多多仰仗郁达夫呢。成仿吾去长沙后,兵工厂有好多事缠身,不晓得几时可以回来。张资平现正醉心他的"三角恋爱"小说,除了写书赚钱外,"屁事不管",在创造社仅挂个虚名而已。现在郭沫若身边只有郁达夫最为得力,而且他坦白直率,富有情义,为了朋友常常不顾一切,将自己置之度外。郭沫若敬佩他的才学,更敬重他的人品。

回到上海,郁达夫和郭沫若同住在泰东图书局编译所。闲时两人常倾心交谈,床铺旁小桌几上的烟灰缸,总是被烟蒂塞得满满。郁达夫耐不住清闲,很快就接过季刊的编务工作,全身心投入进去。

这天天色已晚,郭沫若见他还在伏案工作,便说:

"休息休息嘛,我们去'新雅'吃菜如何?我做东。"

"不去不去。"

"那么上'卡尔登'看电影,有新片上映呢。我去叫黄包车。"

"我是没心思白相的。"

劝他不动?郭沫若又一转脑筋道:"我们去四马路逛逛书店,顺带看一下季刊销售情况。"

这一回郁达夫答应了,他本来就最爱去书店了,而且他更想知道由他编的第一期季刊卖出了多少。两人来到四马路泰东图书局的门市部,推门而入,想看看《创造》季刊第一期还剩几本。他们估计,两千本创刊号,这工夫大约没剩下多少。书店经理是熟人,他们也不用什么客套,郁达夫便问:

"《创造》第一期销得怎样?"

"初版两千,现在还有五百没卖出。"

郭沫若和郁达夫顿觉悲哀。郁达夫所受打击尤其大,他一言不发离开门市,郭沫若随后跟了出来。两人无言地在街头溜达,漫无目标。他们长期在海外,所以并不知晓国内的出版业尚不发达,市场很有限,《创造》第一期的销售情况其实还算可以的。而郁达夫是个极为敏感的人,近来所受的攻击、非难又是那么的多,被人骂作"颓废文人""肉欲的描写家",压力很大。《创造》第一期的销量在他看来之所以不佳,不用说旧势力是最大的敌人,然而除了受到封建势力的抵制外,他觉得在新文学阵营里,也有人持不友好的态度。再有,季刊是他经手编辑的,怎么也难辞其咎。

"沫若,我们喝酒去!"

"好,我们去喝酒。"

两人到附近面馆的楼上饮酒,喝了两壶却没见菜上来。再一看,厅内空空荡荡就他们二人,往窗外一看,发现这家店的招牌上的红字被白纸贴上了。

"原来这家有丧事。"郭沫若说。

"换一家,换一家。"郁达夫心情更恶。

两个人在第三家酒店喝酒时,天已全黑,五色街灯亮成一片。他们喝得大醉,郁达夫尤甚。

"达夫,原说十年磨一剑,却只落得十年一觉啊。"

"十年一觉怎样,薄幸的不是我们。"

"到头来,我们只有饿死在首阳山上!"

"是的,我是伯夷,你是叔齐!"

两个人离开酒店时,方桌上满是酒瓶。他们挽着胳膊踉踉跄跄出了门,大声叫喊着,不知何时招来些外国人围观。那些人哪里懂得这俩人已经醉酒,于是有人摇着头责备。郁达夫不管那些,谁说他们他就同谁吵。英国人说话他就用英语回敬,德国人开口他就用德语回击,法国人发言他就用法语反唇相讥,不一会儿就令这群西洋人大惊失色,四散离去。二人走到哈同花园附近,见静安寺路上依旧有许多外国人开着汽车飞驰,他们勃然大道:

"这里是中国!"

"给我滚开!见鬼去吧!"

突然,郁达夫从路边一下冲到街中心,朝着迎面驰来的一辆汽车用力伸出手,把手指比作枪道:

"我要用手枪打死你们!"

郭沫若吓得酒醒大半,忙上前抱住他往后拽,汽车擦着他们划了条曲线,呼啸着走了。郭沫若连连称险,郁达

夫却刚刚有点醒来。略显清醒,又想起季刊创刊号的事情,郁达夫扶住路边一棵小树,说:

"沫若,创刊号延期出版,责任在我。现在刊物销成这样,我还有何面目再见创造社同仁呀。"

郭沫若心情也不好,他拍拍朋友却想不出该说些什么,停了半晌才劝道:"看长远点吧。"

乌云趁着黑夜无声地摸了过来,不露声色地把月儿吞没。地面上,两个孤助无援的年轻人被笼罩在更加黑暗的夜空下,一时都有点辨不出回去的路了。

第三十章

夜航

两个穿草鞋的轿夫一前一后抬着一乘竹轿,行走在乡间路上。郁达夫坐在轿子里想着心事,掩在茶晶色眼镜后的一双眼睛,瞧不出到底是睁着还是合着。他这次单独回到家乡,是为了给祖母上坟的。郁达夫原本最不喜欢坐轿的,只因身子近来有点不适,且随身带了祭品,所以雇乘轿子省脚力。但让别人抬着他走路,他心里总觉别扭。每回坐在轿上,郁达夫也总要跟抬轿者东拉西扯地闲聊,认为这样可以减轻一点轿夫的劳累,自个儿心里也安稳些。可是这次他偏偏碰上了不爱说话的一对轿夫,郁达夫就只好缄口了。

郁达夫穿的是质地细软的白色纺绸衣裤,袖口、裤角都挺肥大,脚下蹬的是一双暗红色网眼牛皮凉鞋,手执一柄白纸折扇。他在扇面上题了首旧日诗作:"廿载江河未立名,学书学剑事难成。天津桥上鹃啼日,痛哭长沙陋贾生。"其实今日的郁达夫,与往昔很不同了。作为声震文坛的大作家,自《沉沦》之后,他又写出了许多优秀作品,一篇篇小说不断地扩大着他的读者群。他在建设新文艺理论上也有卓越功勋,如在中国首次提出文学的阶级性,提倡大众文艺特别是农民文艺,等等,已经触动了当局的神经。他还系统地介绍欧美文学理论专著,为中国文学的发展做出不小的贡献。当初他为之痛哭的《创造》季刊,后被事实证明在中国文化界有着不可低估的价值。果然,《创造》与鲁迅的《语丝》、文学研究会的《小说月报》等刊物,清扫了旧中国的文坛,把曾将文坛弄得乌烟瘴气的文化垃圾驱到了社会的角落里去。创造社同仁的誓言"我们要以创造者的姿态,努力创造个光明的世界"并非一句空话。不久前郁达夫在北京与鲁迅先生又有了接触,两人聊得很是投机。郁达夫隐约感到,自己日后会有更大的作为。

现在的郁达夫与过去相比真是很不同。他在社会上有广泛的读者群,身边常有一群文学青年追随;书局里有他的版税,学府里还领着教授的薪水。在常人看来,郁达夫可谓要风得风要雨得雨,什么都有了。名利双丰,还有何缺憾?可是在郁达夫心中,他还是他,能有多大改变?他心中依旧那样的凄苦、孤独。一个不停顿地追寻、求索的灵魂,未得到片刻休息,些许的慰藉改变不了悲凉依旧、孤苦如前的心境。就连那仿佛与生俱来的自卑心理,也还是那样的沉重,并未因身外的变化而减掉丝毫。

方才在路上遇到幼时的朋友,多年的隔膜也让他心生悲哀。

"阿根,阿根。"郁达夫兴奋地从轿上跳下,"还认得我吗?"

那个名叫阿根的人和郁达夫自小常在江边玩耍,如今早已承袭父业,变作一荷锄老农。操劳的岁月让阿根早生华发，满脸褶皱，看上去比郁达夫要老十多岁。久别重逢，郁达夫激动得想走近阿根握住那双粗黑的大手，然而他马上发现对方在尽量和自己保持距离。

"啊，郁先生，回……回来啦？"阿根双目无神，微动嘴唇喃喃应道，头已低下。

郁达夫大为失落，异样之感弄得他简直以为世间万物全都走形变样。告别阿根后郁达夫继续赶路，心头不免涌上萧索凄凉之情。真是岁月无情知音难觅，连幼年的朋友都躲开我，多可怜的人生哟。

次日，郁达夫起得很晚，只好把午饭当作早饭吃了。昨日在祖母坟前哭得过于伤心，以致现在他还觉着心口结了块疙瘩。饭后，他便出了富阳城在城郊田舍附近散心。正无聊，阡陌间走来一中年村妇，近前一看，这不是翠花吗？早就听说她现在已是三个（也许是四个）孩子的母亲了，所以郁达夫对粗头糙面的翠花也不感到意外。翠花也认出郁达夫，未等他张口，便喊了声："荫生。"郁达夫边答应边快走几步上前，上下打量。她除了显老外与别的村妇没什么区别，腰间系着粗布围裙，蓝花手巾扎在头上。看见翠花鬓间插了朵小白花，郁达夫一颤，道：

"给谁戴孝？"

"还有谁，当家的呗。"翠花一脸木然。

"那你和孩子们一定吃了不少苦啰。"

翠花的眼圈马上红了。郁达夫后悔失言，连忙好言劝慰，翠花只是轻轻叹气，不再搭腔。

"翠花姐有什么困难，尽管去找我们，千万要说话。"

"总能过去的。荫生,你离家在外这么多年,要比我们难哩。瞧你这么瘦,可得注意身子。"彼此都是大人了,可翠花依旧用从前的样子来关心"三少爷"。郁达夫心里阵阵难受,他伸手探兜想拿点钱交给翠花,可兜囊中只有几个碎钱,又怎么拿得出手?急得郁达夫想跺脚,唉,唉,回头再说吧。

二人道别,郁达夫才走几步,又听翠花在身后唤他。翠花走近,一边擦着眼泪,一边从布裙袋里摸出一个烤白芋来,放到郁达夫手里。郁达夫微笑着接过白芋,两眼也噙满泪水。他明白,在翠花眼里,他永远是早年那个五六岁的矮瘦矮瘦的男孩。

回到家中,郁达夫的愁烦难解,睡不着歇不下。突然,他想到富春江上游桐庐的桐君山和严子陵钓台,那本是闻名遐迩的风景名胜,只因近在咫尺,自以为几时想去就可以去,反而至今不曾去过。何不趁此时出去看看,也省得在家这么憋闷?于是,郁达夫向母亲打过招呼,也不顾天色将晚,趁着阴晴欲雨的养花天,奔向了码头。

乘小火轮溯江而上,三个小时就到了桐庐,此时已经是灯火微明的黄昏。自从杭江铁路开通,桐庐这往日皖浙交通的要道就没有以前那么热闹了。郁达夫在桐庐找了家旅馆,却无心安歇,一心向往人称灵山胜地的桐君山,不由自主步出旅馆,直奔江边的桐君山。

微云淡月,天上飘落着稀疏细雨。郁达夫来至渡头,见夜渡无人,便向一在江边淘米的少妇探询。随后,他照少妇教他的办法,用双手围在嘴边,喊"喂,喂,航渡请摇过来！"不一会远处黑影里就有了动静。听着渐近的咿呀摇橹声，郁达夫不禁生出点他乡日暮的悲哀。此时约晚九点左右。这虽是乡间的义渡，但郁达夫觉得夜晚劳烦人家很不过意，还是与艄公讲好，多付了来往的舟资才坐上渡船。前人形容桐江"水皆缥碧，千丈见底。游鱼细石，直视无碍"，可惜天暗，这景致都看不到了。郁达夫一路想着，不觉间到了对岸。

桐君山下，山影和树影交掩山道，郁达夫才走几步就被乱石绊倒。船家跑过来扶起他，还好心地给了他一盒火柴。道谢后郁达夫继续向山上摸去，划一根火柴走几步，行至半山，火柴也用去大半。好在半山处有朦胧月光照下，可以依稀辨出道路，郁达夫收了火柴盘曲前行。待回头，桐庐城中的灯光星星可数，还能看到富春江两岸和桐溪合流口停泊的船只，现出点点渔火。

来到桐君观，晚钟暮鼓的声音似在耳畔残留着。郁达夫站在道观外的墙边，见栅门关掩，几经踟蹰，还是"呀"的一声推开虚掩的栅门。顺着石砌路他走到道观前，两道朱漆大门紧闭，这回郁达夫不好再进，就回身坐到用大青石筑的矮墙上，面向南边尽情欣赏桐江及对岸的夜景。桐君山古称"浮玉山"，相传早先山下有棵巨桐，有山人采药结庐在树下。人问其名，那人不语，指指桐树算作回答，人们便称其为"桐君"，由此这山也就叫"桐君山"了，桐君观便是人们为祭拜那位得道山人所建。郁达夫很喜欢这个传说，他不顾一切夜间来访，也是觉得这时候上山，会与那古老美丽的故事更近。他真希望桐君能在此时显出真身，也好和他聊上几句。眺望着美得神奇的夜景，郁达夫悠然心动，如果能像古人一样，在这个地方结庐读书，颐养天年，还要什么高官厚禄、浮名虚誉呢？

郁达夫看山看水，饱赏城中灯火、天上星云，正入迷时，忽听隔江击柝（打更用的木梆子）声传来，才发觉城中灯火已经很少了。他这才起身，跑也似的下山。

次日清晨，窗外吹角声打断了郁达夫的清梦，他带着昨夜桐君观前留下的残境，又开始为游览严子陵钓台做准备。桐庐距严子陵钓台只有几里水路，所以郁达夫不理会快班船吹响的号角声，让茶房为他雇了只双桨渔舟，买来些酒菜鱼米，就在旅馆前的码头上了小船。

渔舟轻轻向江心摇去，东方云幕已被初日染红。因逆水，渔夫使劲地摇船前行，船儿却不紧不慢地走着。行不多时，江心变得狭窄，浅滩也多了。江水弯曲在两岸高山峡谷里，青翠而雄峻的石壁历历在目，它们重叠连绵犹如碧玉屏障，叫人猜不出前方还会有何景致。时有一座青峰拦路，看似江水到头，及至船到跟前，随江水一转，又有一派新鲜风景出现，颇似仙境转换，妙不可言，古人把这叫作"走岚翠"。郁达夫坐在船头一口一口地喝着酒，不住地问船家这是什么山，那是什么港，又是惊叹又是称颂，直到他问累了。天刚过午，郁达夫走进水边一家酒楼，正巧碰上几位数年不见的朋友，大家聚到一桌边饮边谈。然而这几个已经是为官作宦的人了，虽高谈阔论，却全不是发自肺腑，郁达夫与他们话不投机，酒喝得也少。不一会儿，他便与这些旧人匆匆作别，登舟而去。

"先生，钓台就在前面，你醒醒吧，好上山烧饭吃去。"郁达夫被船家唤醒，擦擦眼睛，只见四面的水光山色又变了，周围山包得更紧，水也浅了几分，而且看不到一个人影。船行到这里桨声也慢下来，"咕"的一声后，半天才传来幽幽的回声，郁达夫感到一种太古般的静灭。前边的钓台山上，有两个大石垒，那便是古钓台了。钓台分作东西两台，上有歪斜的亭子，山腰的那座祠堂只露些废垣断瓦。一切尽在奇峰、翠嶂的环抱之中，没有人迹更无炊烟，连飞鸟也难得见到。这里太阳隐入云层，钓台一带显得有点阴森。

船夫把舟靠了山脚，系好后背着食物前行。郁达夫紧随后头，心里有点莫名的紧张。好在一路他和船夫混熟了，此刻还算有个伴。

"先生，你说这个严子陵胆子也真大，虽说他和皇上是小时候的同学，可要是别人，灭了九族也不敢对皇帝无理呀。"

"是啊。"郁达夫漫应着。他知道船家说的"无理"，是指严子陵在宫里和汉光武帝刘秀共卧龙床叙旧，严氏疏狂随便，竟将一条腿压在刘秀身上。郁达夫随口吟诵范仲淹称颂严子陵的名句："云山苍苍，江水泱泱，先生之风，山高水长。"

船家听不怎么明白，以为是郁达夫在作诗，连连夸"先生好诗，先生好诗"。

郁达夫哑然失笑，心情为之一宽。待船家把食物放好，他们就顺着断碑乱石爬钓台。山腰筑着两个钓台，称作东岩台、西岩台,各高两三百尺,两台相隔百余步,中间是一条深谷。两台面临着风景奇秀的富春江,颇似人间仙境。郁达夫先上东台,回首来路,可见到远远的一片人家,只是景色稍觉一般。待上了西台,那幽谷清景就绝对不像是在人间了。郁达夫心中赞叹,竟一时不能搜出好句子来成诗,双眼只顾贪婪观望面前典型的东方美。

从钓台下来,郁达夫在祠堂西院的客厅坐下,与严子陵的不知第几代裔孙闲聊了几句年景水旱类的话。那严氏后裔又习惯性地把话扯到先祖,也无非说他先祖本是余姚人,乃东汉名士,与汉光武帝有同窗之谊,但他无意为官,终生隐居富阳山中,垂钓自娱,其高风亮节令世人景仰,看来也是说熟的套话。郁达夫本想说,你家先祖未必绝对不肯进仕,否则何必去见刘秀,但严先生是聪明人,见刘秀废郭后及太子,自会想到糟糠之妻尚且如此,况贫贱之交乎?所以严先生远离庙堂寄情山水,无疑是一条明智的退身之路。至于因此而名声大噪,赢得千古颂扬,怕也出乎他的意料。可是郁达夫转念一想,话不中听不说也罢,便没出声。

严氏裔孙把饭菜烧好,郁达夫饱餐一顿酒肉。半醉着,他来到东面供着严先生神像的龛前,略做瞻仰后,环视四面的破壁,见墨色淋漓,竟多是些过路高官所题的俗笔。最后在南面的一块白墙头上,却看到去世不久的同乡夏灵峰的题诗。夏先生虽为前清遗老,顽固自尊,但郁达夫很敬佩他的铮铮铁骨。现在见到夏公遗墨,郁达夫不禁叹息良久:灵峰先生,只知崇古不善处今啊。

至此，郁达夫断了游兴。这时船家在院门高声催促道："先生，不早了，我们回去吧。"

江风一吹，酒力攻心，郁达夫踩着碎石走了好久，才晃到山脚。搀他的船家面有难色，说："先生，太阳落山了，你要是走不惯夜路，就回祠堂歇息吧。"郁达夫仰首一看，天已全黑，微微一笑道："好，好，就坐夜船回去。老大你也乏了，今夜不用划桨，咱们顺流漂下去，如何？"

"那要走到几时？"

"漂到几时算几时嘛。放心好了，不会耽误你的活计的。"说着，郁达夫把兜里所剩的钱全掏出来，塞了船家满满一把，"这些可够？"

船家大喜，连连称谢道"够了，够了，够我干一个月的了。"他扶郁达夫上了船，随后解开缆绳，再轻轻一跳，蹦到船上，小船只些微有点晃动，郁达夫不由赞道："好身手！"

"先生，我们就漂啦啊。先生只管进舱安睡，我在这江上往来二十多年了，有我掌船，保险无事。"

半醉的郁达夫忽地鼻子一酸，没想到船家竟是个世上难寻的知音哩，我正想枕着江水飘入梦中，好看看今夜究竟能否会到桐君，还有严子陵。内心孤寂的郁达夫止住泪水，矮下身钻入船舱，重新开始了孤独的旅程。

多少年后，有人评论郁达夫，说他始终未能真正走上和广大革命群众相结合的道路，是单枪匹马在进行斗争。的确，郁达夫到底没有像郭沫若、成仿吾、田汉等创造社同仁那样，加入无产阶级革命斗争的队伍中去。但是，他诅咒黑暗的现实，批判丑恶的社会，已竭尽全力。况且，他一生留给世人那样多的美丽篇章，为中国的新文学运动做出那样多的贡献，且不说后来成为烈士，单只看他在文学上的作为，就足以令后人景仰了。

不过，此刻本书的主人公根本没有考虑什么生前身后名，他安卧在小舟中，曲肱而枕睡得正香，听凭小船载着他顺江漂流。我们还是轻轻合上书本，不要吵了他的清梦吧。

1998 年 4 月 16 日草成于西郊万寿寺
2012 年 6 月 10 日改于北京昌平小汤山